全国教育科学规划课题（BIA110039）研究成果

# 高校突发事件
# 应急管理能力研究

姚江龙　魏捷　著

中国矿业大学出版社

## 内容提要

本书在分析高校突发事件应急管理能力现状的基础上，深入研究并系统构建高校突发事件应急管理能力体系、高校突发事件应急管理能力效能评价体系，进而从自我反思、团队优化、资源支持等三个层面提出高校突发事件应急管理能力建设策略。

本书可供高等教育管理理论、应急管理理论等领域的研究人员参考，也可供高校管理工作者阅读参考。

**图书在版编目(CIP)数据**

高校突发事件应急管理能力研究 / 姚江龙，魏捷著. —徐州：中国矿业大学出版社，2017.6

ISBN 978-7-5646-3500-8

Ⅰ.①高… Ⅱ.①魏… ②姚… Ⅲ.①高等学校—突发事件—处理—研究—中国 Ⅳ.①G647.4

中国版本图书馆 CIP 数据核字(2017)第 073388 号

| | |
|---|---|
| **书　　名** | 高校突发事件应急管理能力研究 |
| **著　　者** | 姚江龙　魏　捷 |
| **责任编辑** | 史凤萍　陈振斌 |
| **出版发行** | 中国矿业大学出版社有限责任公司 |
| | (江苏省徐州市解放南路　邮编 221008) |
| **营销热线** | (0516)83885307　83884995 |
| **出版服务** | (0516)83884895　83884920 |
| **网　　址** | http://www.cumtp.com　**E-mail**:cumtpvip@cumtp.com |
| **印　　刷** | 徐州中矿大印发科技有限公司 |
| **开　　本** | 787×960　1/16　**印张** 13　**字数** 200 千字 |
| **版次印次** | 2017 年 6 月第 1 版　2017 年 6 月第 1 次印刷 |
| **定　　价** | 30.00 元 |

(图书出现印装质量问题，本社负责调换)

# 前　言

发展是永恒目标，稳定是不变追求。近年来，在各领域改革发展的强力带动下，我国高等教育事业取得了长足发展，高校内外部环境发生了巨大变化，既迎来了各种机遇，也面临着各种挑战，高校内外部不稳定因素增多。加强高校应急管理能力建设，是提高高校应急管理水平的一项重要任务。

高校突发事件应急管理最大"短板"，是管理主体有效进行计划、组织、指挥、控制和协调的本领问题，即应急管理能力问题。能力建设问题是起点和落脚点，在日常治理中融入应急管理能力建设及其绩效评估，是高校应急管理的关键所在。2012年，阜阳师范学院承接全国教育科学规划项目"高校突发事件应急管理能力研究"(BIA110039)。在项目主持人魏捷教授带领下，课题组通过实地考察、问卷调研、文献分析、案例剖析、专家咨询等多种方式，系统综述了国内外相关研究成果，深入考察了高校突发事件应急管理能力现状，从管理学、教育学、心理学、社会学等多学科视野着手，深入研究并系统构建高校突发事件应急管理能力体系、高校突发事件应急管理能力效能评价体系，进而从自我反思、团队优化、资源支持等三个层面提出高校突发事件应急管理能力建设策略。

得益于著者单位阜阳师范学院的大力支持，《高校突发事件应急管理能力研究》结集出版，以努力将课题研究予以推广应用，也期待借此吸引更多人关注高校突发事件应急管理能力建设，不断丰富和完善研究和实践成果，为高校科学发展提供保障。研究设计虽作了充分考虑，但研究中仍有一些待改进的地方，比如有关高校应急管理能力建设的对象区分、内容交叉、偏向选取等问题就值得深入探讨。相信在更多人关注和实践下，高校应急管理工作必将能提升到更高水平！

著者

2017年4月

# 目　录

# 导　论

## 一、问题提出及背景

改革开放的深入推进，促成了我国在政治建设、经济发展、文化构建和社会进步等方面取得举世瞩目的成就，但随着经济体制转轨、社会结构转型、利益格局调整和思想观念转变，新的社会阶层及其日趋多样化的利益诉求不断涌现，矛盾纠纷逐渐尖锐，社会冲突明显增多，各类突发事件骤然增加。可以说，我国当前正处于“经济转轨、社会转型”的关键期和“改革深化、利益调整”的攻坚期，国家的人均GDP处于500～3000美元的发展阶段，与改革之初相比，各种经济、社会矛盾交织，正是“经济容易失调、社会容易失序、心理容易失衡、行为容易失范”[①]的非稳定状态。与此同时，生态恶化、环境污染、灾害频发时刻威胁着人们的生命和财产安全。相关资料显示，我国平均每年因突发事件造成的非正常死亡人数已超过20万人，经济损失超过了6000亿。[②] 高校作为社会的重要组成部分，是人才的荟萃地、信息的高密集区，一直被喻为社会的“晴雨表”、“减震阀”和“稳压器”，自然也不例外，受到了各种突发事件的严重威胁，不仅影响了正常的校园秩序，也给学校、师生甚至社会稳定带来了严重危害。

据统计，1999年我国普通高校录取人数达到160万，较1998年的108万增长了48%。自此，我国高等教育进入了一个全新的发展阶段，开始由精英教育逐步过渡到大众教育；高考录取人数逐年提升，“扩招”作为新兴名词也开始活跃于公众视野。2001年高考录取

① 王绍光，胡鞍钢，丁元竹．经济繁荣背后的社会不稳定[J]．战略与管理，2002(3)．

② 闪淳昌．加强应急预案体系建设，提高应对突发事件和风险的能力[J]．现代职业安全，2007(4)．

人数达到260万，录取率突破50%；2005年录取人数突破500万，2009年录取人数为629万；2013年录取率更是高达75%，录取人数突破了680万。同时，我国普通高校的数量也随之增加了一倍多，从1999年的1071所增长到2013年的2442所；在校生总数也从1999年的600多万增加到2013年的2570多万。

毋庸置疑，我国高等教育扩招以来的15年，是我国经济社会快速发展和各项改革逐步深入的“黄金时期”，也是我国各种问题和矛盾纠纷不断增多的“凸显时期”。这给高校也带来了不小的冲击，如招生就业、心理疾患、情感波折、经济困难、饮食卫生、学习压力、流行疾病和安全防范等因素引发的各类高校突发事件的发生率居高不下，成为制约高校健康发展的瓶颈，既无形中增加了高校突发事件的可能性，也给高校的管理带来了巨大的压力。2003年2月25日，犯罪分子黄某在北京大学和清华大学某食堂引爆炸药，造成9人受伤，学校经济损失达22万余元；2004年2月，云南大学学生马加爵杀害4名同学并逃逸，制造轰动全国的马加爵杀人案；2005年，武汉市高校共发生大学生自杀事件12起，10人死亡；2006年6月21日中午，广东技术师范学院天河学院一食堂内煤气灶上的铁锅因没有装水而引起着火，正在吃饭的约2000名学生发现后，蜂拥着向食堂门口挤去，险些造成踩踏事故；2007年9月20日，新疆司法警官学校发生了一起仅仅由两名学生因琐事而对骂、推搡的个人行为，最后发展成为部分学生的群体斗殴行为；2008年10月28日，中国政法大学法学院教授程春明在上课前，被该大学一名大四学生用刀杀害；2008年11月14日，上海商学院发生火灾，四名女大学生跳楼身亡；2009年10月24日下午1时15分许，长江大学十多名大学生手拉手结成人梯营救两名落水少年，3名大学生则不幸溺亡；2010年10月，我国几个城市高校大学生开展涉日示威游行；2010年10月16日晚9时40分许，李启明驾车在河北大学校内造成一死一伤的严重事故，并扬言“有本事你们告去，我爸是李刚”；2010年5月10日晚，内蒙古财经学院发生一起血案，李丹（化名）被前男友于某某捅伤，其现任男友姚某某被捅伤后经医院抢救无效死亡，刺杀动机源于感情问题；2011年5月，在锡林郭勒盟发生的“5·11”、“5·15”恶性刑事案件，被不法分子利用，以至上升到民族问题，导致当地一些学校和全区部分高校蒙古族学生围攻当地政府大楼并准备上街聚会;2013 年复旦大学发生投毒案,南京理工大学实验室发生爆炸等,近年来高校突发事件可谓缕缕不绝。

不仅如此,众多数据显示,高校突发事件的发生在总体上还有上升之势,且日益呈现出种类多样、诱因复杂、危害严重、影响滞后等诸多新特点,干扰了学校正常的教学、工作和生活秩序,也给高校师生在财产、身体、心理上带来了不同程度的损失或伤害,严重影响了高校稳定和可持续发展。2009 年《上海高校大学生安全情况通报》显示:“截至 2009 年 12 月 31 日,上海市全日制高校共发生各类安全事故 52 起,其中事故灾难类事件 22 起,其中交通事故 9 起(9 伤),溺水 2 起(2 死),意外受伤 2 起(1 死 1 伤),意外坠楼 2 起(1 死 1 伤),废气中毒 1 起(1 伤),火灾 6 起(无伤亡);社会安全类事件 30 起,自杀 21 起(13 死 4 伤),猝死 7 起,故意伤害 2 起(2 伤)。”[①]江苏省教育厅 2010 年 9 月 1 日新学期新闻发布会公布了一个令人震惊的数据,仅 2010 上半年,江苏省大学生自杀人数就超过了 40 人。根据教育部和国家统计局的官方数字显示,我国每年死亡或遭受伤害人数近 1000 万,其中因校园交通意外、疾病、自伤自杀、溺水、火灾、他杀等造成的死亡或伤害占 1/10 还多,约有 100 多万人。目前,在校大学生基本以“90 后”为主体,与“70 后”、“80 后”相比,他们的思想更为独立,追求个性张扬,过于强调自我,功利心较强,心理承受能力较差,且极易受到社会的影响,过分依赖网络,缺乏深度思考,使这一代大学生的行为方式和思想特点较之以往存在明显的差异。然而,当前学校对突发事件的处理方式和应急机制依然是若干年前的旧模式,缺乏周密的设计和及时、有效的联动,缺少危机意识,忽视对突发事件的研究,不重视综合治理工作,造成有机构无人员,有人员无经费,有预案无演练;缺乏科学的管理态度、规范的处理办法和完善的法律制度作为保障,导致对各类突发事件疲于应付,甚至造成冲突升级和事态扩大,不仅影响高校正常的教学、管理和师生生活秩序,而且还损害高校的形象、声誉,影响高校稳定、改革和发展,更有甚者会

① 市民信箱网[EB/OL]. http://www.smmail.cn/smmail/ggxx/xxgk/userobject1ai290084.html.

危害社会安定和政治稳定。

因此，随着人化自然的加快推进和社会经济的快速发展，一些自然灾害日益频繁、社会矛盾日益突出，特别是2003年SARS的冲击，使得政府、机构和高等学校对各类突发事件高度重视也渐呈上升趋势。关于突发事件应急管理的研究，一方面，在国家层面得到了我国政府的高度重视，一系列重大决策和部署的颁布和实施有力地促进了我国应急管理的发展。国务院于2005年印发《国务院关于实施国家突发公共事件总体应急预案的决定》，并召开了全国应急管理工作会议，标志着我国应急管理机制的初步形成。[①] 2006年，国务院下发《关于全面加强应急管理工作的意见》、《"十一五"期间国家突发公共事件应急体系建设规划》，成为我国应急预案体系的总纲。2006年1月8日发布施行《国家突发公共事件总体应急预案》，对突发事件的组织体系、运行机制、应急保障、监督管理都做了规定。2007年11月1日颁布施行的《中华人民共和国突发事件应对法》(以下简称《突发事件应对法》)，将突发事件的应对提升到法律层面，对突发事件的预防、预警、应急处置及事后恢复重建都提供了法律规定和保障，并对国家政府相关部门及相关责任人的法律责任做了规定。2010年5月国务院常务会审议通过的《国家中长期教育改革和发展规划纲要(2010—2020年)》明确强调，要切实维护教育系统和谐稳定；重视解决好师生员工的实际困难和问题。完善矛盾纠纷排查化解机制，完善学校突发事件应急管理机制，妥善处置各种事端；加强校园网络管理；建立健全安全保卫制度和工作机制，完善人防、物防和技防措施；加强师生安全教育和学校安全管理，提高预防灾害、应急避险和防范违法犯罪活动的能力；加强校园和周边环境治安综合治理，为师生创造安定有序、和谐融洽、充满活力的工作、学习、生活环境。从宏观政策的层面，再次提出了高校突发事件应急管理的重要性，也给高校突发事件应急管理的研究提供了政策依据。教育部副部长郝平就曾强调，当前及今后十年，是加强教育系统应急管理工作的重要阶段。《国家教育事业发展第十二个五年规划》明确提出要求，"加强水利和防灾减灾体系建设"，要加大公共安全投入，加强安

---

① 雷晓康，席恒. 突发公共事件的危机管理[M]. 西安：陕西人民出版社，2006.

全生产，健全对事故灾难、公共卫生事件、食品安全事件、社会安全事件的预防预警和应急处置体系。

另一方面，在高校层面得到了应急管理学者和高校管理者的重视。作为知识、人才、思想的汇聚地，在社会转型变迁和高等教育体制改革的交互作用下，高校也成为各种社会思潮、矛盾的聚集点和国内外敌对势力进行意识形态渗透，实施和平演变的前线。近年来，随着我国高校发展中的不确定因素的明显增加，关于应急管理的学术研究也呈“突飞猛进”的增长态势，关注的视角逐渐从企业危机管理转向公共部门公共突发事件研究，高校更是成为研究的焦点之一。据中国行政管理学会课题组的《高校应急管理机制建设研究报告》显示，我国高校突发公共事件种类和数量增加，高校的应急管理能力亟待加强。[①] 尽管各高校纷纷采取措施应对突发事件，例如制定应急预案，成立应急管理委员会，在全校范围内开展应急演练，建立师生信息报告制度等，虽然给政府和学校应急管理实践提供了一些有价值的智力支持，但是面对复杂的国际和社会环境，日新月异的信息技术和科技手段，高校的应急管理还面临着极大的挑战，在对待“突发事件”这一问题上，高校的应急管理还存在诸多问题与不足，应急管理相关工作人员的专业素质欠缺；应急预案的编制浮于形式，可操作性不强；应急反应的迟缓；应急管理制度的缺失以及责任不明确等等问题，这些问题制约着应急管理效率的提高。因此，如何有效地预防突发事件，如何高效有序地应对突发事件，仍是高校亟待解决和有待深化的难题。本研究拟从目前高校突发事件应急管理的现状出发，探究高校突发事件应急管理的一些具体问题，分析这些问题背后的原因，提出解决问题的合理性建议，希望进一步提升高校应对突发事件的能力。

## 二、研究目的及意义

面对当前改革全面深化的新环境、新形势，积极建立健全各种预

---

① 中国行政管理学会课题组.高校应急管理机制建设研究报告[J].中国行政管理，2006(10).

警和应急机制，着力提高政府应对突发事件和风险的能力，这是党的十八大以及十八届三中全会适时提出的时代要求。社会是大学校，学校是小社会。高校组织作为社会的缩影，是培养人才的重要阵地，更应该对此有高度的认识。目前我国高校具有规模庞大、人员密集等新特点，存在许多不稳定诱因。虽然自2003年以来，我国突发事件的应急管理水平得到了一定的提高，高校突发事件的应急管理机制也取得了长足的进步，但仍有很多值得高度重视的问题存在，如高校管理中引入应急管理理论的研究比较少，特别是在高校应对突发事件方面的理论引入和应用更少，这就造成了研究根基极为薄弱，研究深度和效度有待增强，等等。古往今来，人类孜孜以求的社会理想就是实现社会和谐，建设美好社会；而传播知识、培育人才、服务社会，是高校作为社会重要组成部分的重要任务。除此以外，高校自身的科学发展和转型升级也需要一个和谐稳定的环境支持，这都需要管理者、教师、学生及相关工作人员的共同努力，尽可能减少和避免突发事件的发生。

本研究立足应急管理相关理论，在对高校应急管理能力进行现状考量的基础上，从问题出发，进一步探明高校在突发事件应急管理中存在的现实问题和隐性风险，从而尝试探讨制定有效的应对策略，明确增强师生面对突发事件的抗压能力和抵御能力，寻求提高高校突发事件应急管理的效率路径，切实做到在第一时间遏止突发事件的发生或蔓延，将损失避免或降到最低。基于上述因素，笔者认为，高校突发事件应急管理的研究，既是对建设和完善高校危机理论及高校突发事件应急管理机制的重大促进，能充分发挥高校在构建社会主义和谐社会中独特作用；又有利于培养高校全体师生员工的危机意识，把构建和谐校园作为高校改革发展的重大任务，提高其化解危机的能力，让高校真正走在构建和谐社会的前列，成为平安美好和谐的形象大使。因此，完善高校突发事件应急管理，提高应急管理能力，把高校突发事件应急管理提到构建和谐校园的整体发展战略中去，确保高校稳定发展是一个有着鲜明的理论意义和突出的实践价值的重大问题。

# 第一章 高校突发事件应急管理能力研究评述

## 一、高校突发事件应急管理的基本概念

(一)突发事件与高校突发事件

1. 突发事件

自古以来,安全就是人类追求的首要价值和国家发展的基本目标。但纵观人类发展史,我们却不难发现,突发事件似乎始终又伴随着人类文明的进程。从早期的自然灾害、瘟疫流行、部落攻击等,到近代工业革命后新出现的技术事故、环境灾害以及当今全球化背景下的恐怖袭击等,可以说突发事件是伴随人类文明进步的影子,无论未来社会怎样发展,突发事件这个影子也不可能彻底离开,所不同的只是在传统的风险源上,又增加了因工业化和全球化引发的新型的突发事件。

恩格斯指出:"必须先研究事物,尔后才能研究过程。必须先知道一个事物是什么,尔后才能觉察这个事物中所发生的变化。"①研究高校突发事件,首先需要明确的便是突发事件的内涵和界定问题。从词源学及构词法的角度来看,突发事件是一个偏正词组,它以"事件"为中心词,以"突发"为修饰词。这个词语在社会上各个行业和不同领域里有着不同的解释,但这样一个有着较高的使用频率的词语,在《现代汉语词典》中没有收录,在《辞海》中也没有记载。截至目前,学术界对于突发事件的完整定义尚不统一和成熟。其中,我国比较权威的《现代汉语词典》对"突发"的定义是:突然发生或发作;对"事件"的定义是:历史上或社会上发生的不平常的大事情。顾名思义,所谓突发事件就是指突然发生的在计划之外或意料之外的不平常的

---

① 马克思恩格斯选集(第4卷)[M].北京:人民出版社,1995.

大事情。在字面意义上，突发事件的外延很宽泛，突然发生的、不管是有正面效应还是负面效应的事件都可归为突发事件，而从现实的应用层面而言，“突发事件”这个词语，更多强调的是它的负面影响以及对社会的危害性。

马克思曾指出：“研究必须充分地占有材料，分析它的各种发展形式，探寻这些形式的内在联系。只有这项工作完成以后，现实的运动才能适当地叙述出来。”①目前学术界关于突发事件的研究和理解，也有着不同的表述。国外学者更倾向于将突发事件看成是危机的一种，认为突发事件也称紧急状态、危机事件。美国学者罗森豪尔特就认为，突发事件是指对一个社会系统的基本价值和行为准则架构产生严重威胁，并且在时间压力和不确定性极高的情况下必须对其做出关键决策的事件。② 德国著名管理学家赫尔曼(Hermann)认为，危机是一种情景状态，处于这种状态下，决策主体的根本目标受到威胁，而在改变决策之间可获得的反应时间有限，其发生也出乎决策主体的意料。③ 美国学者巴顿(Barton)则认为，危机是一个会引起潜在负面影响的具有不确定性的大事件，这种事件及其后果，可能对组织及其人员、服务、产品、资产和声誉产生巨大损害。④ 而按照国际上流行的一般看法，突发事件是指社会生活中一类事前难以预测、作用范围广泛且对社会造成严重威胁和危害的公共事件，即指那些事前难以预测、带有异常性质、违反社会常态并在人们没有任何思想准备或无法知晓的情况下，突然发生，迅速演变或激化为较大规模和影响，将危及社会安定、政治稳定和人身安全的事件，这些事件往往会对社会经济发展和人民生活造成意想不到的灾难，甚至可能引发区域乃至全国、全球性的危机。巨大的破坏性是其最典型和最重要的特征。

我国学者计雷等倾向于从狭义和广义两个方面定义突发事件。所谓狭义的突发事件是指在一定的区域内突然发生的，规模较大且

---

① 马克思恩格斯选集(第2卷)[M]. 北京：人民出版社，1995.

② 李纪中. 政治危机管理[M]. 北京：中国城市出版社，2003.

③ 危机管理[EB/OL]. http://baike. baidu. com/view/95227. html.

④ 朱廷智. 企业危机管理[M]. 北京：中国纺织出版社，2003.

对社会产生广泛负面影响的，对生命和财产构成严重威胁的事件和灾难；广义的突发事件是指在组织或者个人原定计划之外或者在其认识范围之外突然发生，对其利益具有损伤性和潜在危害性的一切事件。[①] 这里需要着重区分的是危机与突发事件在概念上的不同，突发事件强调的是事件的偶然性、难以预测性和突发性，而危机更侧重于事件发生的规模和产生影响的程度。根据国务院 2006 年 1 月颁布实施的《国家突发公共事件总体应急预案》的定义，"本预案所称突发公共事件是指突然发生，造成或者可能造成重大人员伤亡、财产损失、生态环境破坏和严重社会危害，危及公共安全的紧急事件"。《突发事件应对法》第三条也明确规定："本法所称突发事件，是指突然发生，造成或者可能造成严重社会危害，需要采取应急处置措施予以应对的自然灾害、事故灾难、公共卫生事件和社会安全事件"。

为了便于分析和提高应对性，基于研究的需要，本研究采用《突发事件应对法》中的相关定义。根据《突发事件应对法》中对突发事件的概念界定，其特征大致可概括如下：

① 潜在性。突发事件的潜在性表明突发事件并不一定必然发生，但是有发生的可能，难以预料，这也给突发事件的防范增加了难度。

② 突发性。突发事件的发生往往是在毫无征兆或者没有意料的情况下，突然发生。至于突发事件发生的时间、地点、发生的规模、产生的破坏程度和影响的程度，以及发展的态势，我们往往都无法预测，难以把握。突发事件的发生都是事前很难预测的。比如发生在北京大学餐厅和清华大学餐厅的连环爆炸案等，都是事发突然，让人毫无防备、措手不及。

③ 危害性。本研究中的突发事件更多的是侧重于产生负面影响的事件，即突发事件是指已经或可能给个人和国家的利益带来损害的事件，如 2008 年汶川大地震给人民的生命财产带来巨大的冲击和破坏。而且这样的危害会在短时间内在大范围内蔓延，滋生出更加严重更加广泛的危害。比如 2003 年的 SARS，传播速度快，危害性大，不仅带给人们身体上的痛苦，而且也造成人们心理上的阴影。

---

① 计雷，池宏，陈安，等．突发事件应急管理[M]．北京：高等教育出版社，2006.

④ 紧迫性。紧迫性是指突发事件发生时应急管理部门要在有限的时间内做出决策，拿出方案，应急处置，避免或减少势态的扩大和进一步发展最为关键。应急处置时间越短、越果断就越有利避免或减少突发事件造成的损害和产生的影响。

⑤ 二重性。突发事件具有危害性，如果处理得当，也可以化险为夷，化害为利，转危为安，把负面影响转变为正面影响。

2. 高校突发事件

近几年，理论界对高校突发性事件的界定也因侧重点不同，内涵各有千秋。有侧重于影响定义的；有侧重于属性定义的；有侧重于范围定义的；还有侧重于特性来定义的。这些界定都包含了一个共性特征，即强调其突发性和危害性。可见，突发性与危害性是构成完整的高校突发事件的两个必要因素。在借鉴相关专家学者对高校突发事件研究成果的基础上，笔者结合高校突发事件的特点和《突发事件应对法》，认为高校突发事件可界定为“由于自然的、人为的或社会政治经济文化的原因引发，在高校内外部突然发生，对高校师生造成人身和财产安全威胁，不以高校管理者的意志为转移的，对学校的教学、工作、生活秩序乃至社会造成一定影响、冲击、威胁或危害的事件”。[①] 这一界定至少应包含四个要素：一是突然发生，指事件发生时间紧促，突如其来，骤然而至；二是高校师生，无论发生在校园内外，高校师生都是突发事件的主体，也是事件的直接受害者；三是快速应对，指高校或政府部门要在有限时间内合理决策，快速处置，减少损失，降低负面影响；四是负面事件，突发事件若处理不当，就会危及师生生命和财产安全，对高校的教学科研和师生的学习生活秩序造成一定的冲击和危害，甚至影响到社会的安全与稳定。

大学生是一个特殊群体，他们思想活跃、求知欲强，对新知识和新信息接收和捕捉能力强；他们有着理想与抱负，也有着强烈的民主意识和爱国热情；他们的心智正趋于成熟，有着强烈的自尊心，也有着高度的同质性，在思维方式、行为方式等方面往往表现出一致性，但其社会经验少，心理承受能力、抗压能力比较弱，也易冲动和失去理性。因此，当突发事件来临时，他们往往会比较被动，手足无措，更

① 陈伟珂，王子博. 高校突发事件急管理系统研究[J]. 中国学校卫生，2009(4).

容易成为受害者,破坏性也更大。因此,高校突发事件作为突发事件的一个子类,由于其发生在高校校园内或发生在校外与高校师生密切相关的特殊环境内,且与高校师生这样的特殊群体相关联,与一般突发事件相比,除具备一般突发事件的共性特点外,如突发性、紧迫性、危害性,还具备自身的特性。一般而言,我们可从以下几个方面认识高校突发事件。①

第一,突发性。“突发事件”即表明其具有“突发”的特性。高校突发事件具体发生时间、影响等,往往是很难预测的,而且演变十分迅速,具有很大的突然性。

第二,破坏性。高校突发事件的发生,在不同程度上破坏了学校教学、科研和其他方面的正常秩序,还会造成人们思想和心理上的极度恐慌和混乱。

第三,扩散性。高校越来越受政府、公众和媒体的重视与关注,使高校突发事件更容易引起社会反响,成为公众热点,很容易波及同一城市中的其他高校乃至全国,加之发达的媒体作用,更会迅速扩大突发事件的影响。

第四,主体活跃性。由于高校主体的学生具有活跃性、群体性等特征,在突发事件发生时,他们往往会对事件反应迅速,积极参与,使得突发事件更具影响力。

《国家突发公共事件总体应急预案》中根据突发事件发生的过程、性质、机理,将公共突发事件分为自然灾害、事故灾难、公共卫生事件、社会安全事件四类。按照性质、严重程度、影响范围等因素将突发公共事件分为特别重大、重大、较大和一般四级。以此类推,笔者认为高校突发事件的类型也大致可分为:① 自然灾害类,如地震、洪涝、台风等。这类突发事件往往突然爆发,规模大,并且给师生造成的损害非常严重,属于特别重大突发事件。② 校园事故灾难类,如火灾、爆炸、拥挤踩踏及房屋坍塌等,能给师生带来重大的损害,这类突发事件一般为重大突发事件。③ 校园公共卫生突发事件。主要是指不明原因的食物中毒、传染性疫病等,如 2003 年 SARS,2009

① 杨见奎,欧阳兵,等.论我国高校的危机管理问题[J].上海理工大学学报,2005(6).

年甲型流感等。这类突发事件一般属于较大突发事件。④ 校园安全类。如学生斗殴、打群架、自杀、自残等,这类突发事件往往是一般突发事件。所以,高校突发事件应急管理工作,也应按照“分级分类”的原则,做到有针对性地预防,有序地处理和恢复重建,维护学校的稳定和发展。

### (二) 应急管理与高校突发事件应急管理

#### 1. 应急管理

根据《现代汉语大词典》的权威解释,“应急”是指应付紧急、迫切的需要。尽管在现代社会生活中,应急管理在不同的场合被人们以不同的方式定义着,如地震应急管理、火灾应急管理等,但目前在学界还没有达成一个统一的认识。一般来说,应急管理往往是针对突发事件而执行的管理行为,其内涵多是从危机管理的内涵引申而来的,所以先了解危机管理的内涵是探究应急管理内涵的必要环节。危机管理业已成为管理科学中最为重要的研究领域之一,现在基本已有一套比较成熟的理论,尤其是在企业管理中,企业为了消除或降低危机所带来的威胁和损失,应对各种危机情境所进行的规划决策、动态调整、化解处理及员工培训等活动。著名的危机管理专家罗伯特・希斯就从五个方面理解危机管理:① 危机管理者对危机情境要防患于未然,并将危机影响最小化;② 危机管理者要未雨绸缪,在危机发生前就做出响应和恢复计划;③ 在危机情境出现时,危机管理者需要及时出击,在尽可能短的时限内遏制危机的苗头;④ 当危机威胁紧迫,危机管理者需要全面考虑,运用与危机初始期不尽相同的资源、人力和管理方法;⑤ 危机过后,管理者需要对恢复和重建进行管理。这是一种过程管理的思想,他认为通过寻找危机的根源、本质及表现形式,并分析危机所造成的冲击,我们就可以通过降低风险和缓冲管理来更好地进行危机管理。[①] 台湾知名学者陈启荣则将危机管理定义为:“当个人或是组织在面临无法预料的突发情况,必须马上采取应对措施并把握关键的第一时间,发挥高度的智慧,运用科学的方法以及团队的合作精神,在事前有效预防、事中迅速化解与事后妥善善后之一连串的历程。简言之,它是一种有规划的、系统的、持

---

① 张培.中美高校危机应急管理机制比较研究[D].重庆:西南政法大学,2009.

续改善的以及动态的一套管理历程。”①清华大学薛澜教授在《危机管理:转型期中国遇到的挑战》一文中同样认为危机管理包括对危机事前、事中、事后所有事务的管理,包括危机管理的准备、预警、处理及恢复几个阶段。② 可见,危机管理不同于一般的危机处理,它涉及从事前的预防和准备到事中的化解和处理再到事后的恢复,以及最后的评价修正等这样一个全方位的过程。

2006年1月8日颁布实施的《国家突发公共事件总体应急预案》的编制目的是:提高政府保障公共安全和处置突发公共事件的能力,最大程度地预防和减少突发公共事件及其造成的损害,保障公众的生命财产安全,维护国家安全和社会稳定,促进经济社会全面、协调、可持续发展。这也体现了应急管理的目的:提高管理机构及管理者处置突发事件的能力,最大程度地避免或减少突发事件及其造成的损害。可见,应急管理的主体是管理部门(如政府、学校)及相关管理者,应急管理的客体主要是突发事件。由于突发事件的突发性、紧迫性及危害性,这就要求应急管理的执行主体在有限的时间内做出决策,迅速组织所需的人员及各种资源,控制住势态的发展,将损害降到最低。因此,针对突发事件,笔者建议将应急管理定义为:应急管理是在应对突发事件的过程中,管理主体(政府、学校)基于对突发事件的成因、过程及结果系统分析的基础之上,迅速做出决策,积极高效地调配人员和各种资源,对突发事件进行有效的预防、处置和恢复,将突发事件的损害降到最低的动态管理过程。

2. 高校突发事件应急管理

高校自身特殊性决定了高校突发事件的应急管理又不同于一般意义上的企业危机管理。中国人民大学前校长纪宝成就认为“高校突发事件的危机管理是有组织、有计划、可持续的管理过程,高校针对潜在的或者当前的危机,在其发展的不同阶段采取一些不同的控制行动,以期有效地预防、处理和消除危机。”③华南理工大学学生工作处的白涛、许中华两位老师依据多年的学生工作经

---

① 李志强.论高校危机管理[D].上海:华东师范大学,2006.

② 薛澜.危机管理:转型期中国遇到的挑战[J].中国软科学,2003(4).

③ 纪宝成.从“非典”防控看高校的危机管理[J].中国高教研究,2003(8).

验认为，“高校突发事件的危机管理应该是一种持续的制度，是管理者根据这种制度和计划对高校可能会发生的危机进行预防、处理和挽救的一套完整的应对策略或过程”①。基于学界的研究和笔者对应急管理的认识，笔者认为，高校突发事件应急管理是指高校的管理机构及相关人员，在面对可能发生或者突发事件时，迅速做出决策，采取一系列必要的措施，对高校突发事件进行有效的预防、处置和恢复，避免或减少突发事件对学校造成损害的管理过程，这一管理行为是有明确目的性的持续的制度化活动。高校对突发事件的应急管理应该是一个动态的管理过程，既要对可能发生的突发事件做到有效地预防，又要做到对已发生的突发事件的有效处置，从突发事件的发生到突发事件的结束，要科学地对待，动态管理。由于突发事件成因、布局、发生的规律往往不同且难以捉摸，这就要求高校的管理者应有着良好的专业素质和领导、决策及应变能力，在对突发事件认识和分析的基础之上，有计划、有组织地制定应急管理预案，调配人员，安抚师生的情绪，做好与师生的沟通工作，维持并促进高校的稳定与发展。

## 二、高校突发事件应急管理能力研究的理论基础

### （一）4R危机管理理论

突发事件从本质上讲是一种危机，对于危机管理国内外学者提出了诸多值得借鉴的成果。我们在这里主要介绍罗伯特·希斯(Robrt Heath)的危机管理理论和国内流行的危机管理理论。前者为我们解决高校突发事件管理提供了独特的视角，而后者更加适合中国的国情，为问题的解决提供了理论工具。4R危机管理理论由美国危机管理专家危机管理大师罗伯特·希斯在《危机管理》一书中率先提出的，他认为，通过寻找危机根源、本质及表现形式，并分析它们所造成的冲击，我们就能通过降低风险和缓冲管理来更好地进行危机管理。② 危机管理是发现、确认、分析、评估和处理危机，这些是危

① 白涛，许中华. 高校危机管理对策初探[J]. 华南理工大学学报，2005(2).

② [美]罗伯特·希斯. 危机管理[M]. 王成，等，译. 北京：中信出版社，2004.

机管理流程，同时在这一过程中，始终要保持“如何以最少费用取得最大效果”为目标。① 4R危机管理理论中的4R，即缩减力（Reduction）、预备力（Readiness）、反应力（Response）、恢复力（Recovery）四个阶段。

第一，缩减力。缩减力意指危机缩减管理能力，这是危机管理的核心内容。因为降低风险，避免浪费时间，摊薄不善的资源管理，可以大大缩减危机的发生及冲击力。就缩减危机管理策略，主要从环境、结构、系统和人员几个方面去着手。第二，预备力。预备力是指危机预警和监视系统。危机预警和监视系统在危机管理中是一个有机整体，其任务是负责监视危机发生的特定环境，并针对每一个环节或细节的不良变化产生快速反应，同时向其他危机管理系统或组织或个人发出危机信号或预警。该系统的功能是：危机爆发之初可以及时、快速反应，将不良变化或信号及时传递出去；发布撤离信号或开通收容系统，保护人员和财产安全；及时激活危机反应系统。第三，反应力。反应力是指当危机来临时，能及时做出应对危机或解决危机的反应策略或对策，其涵盖危机沟通、媒体管理、决策制定等范畴。第四，恢复力。恢复力是指在危机得到控制后，着手后续组织形象恢复与提升、危机管理工作总结、汲取经验等，以避免重蹈覆辙。4R危机管理理论一般应用于企业管理，相应的也可以用于高校等事业单位的管理工作当中。②

（二）国内流行的突发事件应对理论

2003年“非典”肆虐以后，我国应急管理的相关研究也随之进入快速发展时期。鉴于突发事件所造成的严重危害，国家先后于2006年1月和2007年8月颁布了《国家突发公共事件总体应急预案》和《中华人民共和国突发事件应对法》。从突发事件的预防、应对、监测、预警、应急处理、救援和恢复等几个角度对公共突发事件处理进行了规范。我国政府在加强应急管理中，突出重点，抓住核心，建立制度，打牢基础，围绕应急预案、应急管理体制、机制和法制建设（“一

---

① 畅铁民．企业危机管理[M]．北京：科学出版社，2004．

② 李晓松．黑龙江高校突发事件应急管理体系研究[D]．哈尔滨：东北林业大学，2010．

案三制”),构建应急管理体系的核心框架,初步形成了中国特色的应急管理体系。[①]“一案三制”是基于四个维度的综合体系,其中体制是基础,机制是关键,法制是保障,预案是前提。[②] 目前,我国学术界关于突发事件的应对研究也主要是围绕上述框架展开的,在借鉴国外先进理论的基础上结合中国国情逐步形成了具有中国特色的危机理论。综合现有学术研究成果,国内学者基本达成了如下共识。危机普遍具有不确定性和负面影响。危机的发生有其演变过程,一般危机可用警源、警兆、警情、警度四个要素来衡量。警即出现不正常或危机;警源即出现危机的来源;警兆即出现危机前的征兆;警情即发生危机情况;警度即危机的程度。如何正确把握警源,及早发现警兆并进行预防,采取有效措施控制和消除警情,避免严重的警度发生,是应对理危机管理的前提。危机性事件在形态上具有结构不良、风险性和不确定性等特征。危机性事件从其生成到消亡,一般都会经历如下五个阶段:生成期、暴发期、演进期、减缓期和解除消失期。对危机性事件进行划分时,应该遵循几个原则:实质相关;完备性;互斥或不相交;一致性。根据以上标准,国内学者对危机性事件进行了分类,其中包括:政治性的危机事件、社会性的危机事件、宏观经济性的危机事件、生产性的危机事件、自然性危机事件,等等。[③]

(三)公共治理理论

公共治理的首要问题是重构政府与市场、政府与第三部门、市场与第三部门的关系。现代公共治理的主题就是在政府、市场、第三部门三者之间有机联系、相互依赖和相互合作的基础上,形成公共治理的有机体系。相对于传统统治和行政思想而言,现代公共治理的组织载体发生了根本性变化,它既包含有政府组织,但又绝不仅局限在唯一的、单中心的政府组织;与此同时,参与角色也出现了多样性和多中心性,这也是现代公共治理概念的关键所在。“治理是政治国家与公民社会的合作、政府与非政府的合作、公共机构与私人机构的合

① 高小平.我国应急管理研究述评[J].中国行政管理,2009(8).

② 钟开斌.“一案三制”:中国应急管理体系建设的基本框架[J].南京社会科学,2009(11).

③ 何建平.科学发展观视野下我国政府公共危机化解机制[J].江西社会科学,2007(5).

作、强制与自愿的合作。”[①]公共治理强调在公共管理中政府并不是唯一的主体，政府、公民个人、非政府组织等都可以成为公共服务管理的主体，它们在共同的目标下共享资源，相互作用，参与式地决定公共政策和提供公共服务，共同承担公共事务治理的责任。各种公共的和私人的机构只要其行使的权力得到了公众的认可，就都可能成为在各个不同层面上的权力中心；其依赖的组织基础也不再是整齐划一的层级制的科层制组织，而是平行发展的、互动的多样化的社会网络组织。公共治理意味着来自政府但又不限于政府的社会公共机构和行为者。

传统研究认为，高校突发事件应急管理的唯一权力和责任中心在于高校，随着现代公共治理理念的不断深入，除高校之外的整个社会，都有责任和义务在高校突发事件应急管理中发挥应有的作用，从而形成高校、地方政府、社区、学生等共同参与的高校突发事件应急网络体系。[②] 基于公共治理理论的基本思想，从应对主体之间关系的角度来看，笔者认为，高校突发事件应急管理实质上是政府与各个社会公共机构、个人之间存在着权力依赖和互动的伙伴关系。也就是说，在高校突发事件应急管理中，参与应急管理活动的各个组织，无论是政府部门、高校本身，还是社会必须彼此依赖，进行协同合作，在实现共同目标的过程中实现各自的目的。

（四）心理教育理论

1879 年德国生理学家冯特在莱比锡大学建立第一个心理实验室，标志着现代心理学（即科学心理学）的开端。它是一门研究心理现象发生、发展和活动规律的科学，是一门高度综合性的、边缘化的交叉学科，抛弃了精神分析所强调的意识问题，不同于精神分析学者所强调的质的研究，以可量化的实验来研究心理学。心理学把心理现象划分为心理过程与个性心理两大部分，其核心观点是：心理过程包括人的认知过程、情感过程和意志过程三个方面，意志以一定的认识和情感为依据，认识为意志确定目的、调节行为，情感则激励其行为，意志又推动认识，并控

① 俞可平. 治理与善治[M]. 北京：社会科学文献出版社，2000.

② 杨德才. 高校生活园区突发事件应急管理研究[D]. 上海：华东师范大学，2009.

制情感。个性心理包括人的气质、性格、能力和需要动机等特征，个性心理主要由需要、动机、信念、理想、价值观和世界观等组成的个性倾向和由能力、气质、性格、兴趣和爱好等组成的个性心理差异所组成，个性心理是通过心理过程形成的，而已形成的个性心理又制约着心理过程，并在心理过程中表现出来。心理学认为，心理健康包括生理、心理和社会行为三个方面。一个人的身体健康、心理健康与社会适应能力三者相互制约，身体健康影响人的心理健康和社会适应能力，并会导致身体疾病和社会适应能力的下降。不同的心理学学说，对心理健康有不同的理解。以弗洛伊德(Sigmund Freud)为代表的精神分析学说认为，人类一切行为都是由无意识的本能驱动的，当人的生物性本能冲动与社会化的行为规范发生矛盾时，就产生了“本我”与“超我”的冲突，人便产生紧张和焦虑，这是导致精神上痛苦和神经症的关键，而经过“自我”的调节，既照顾到不违反社会的道德伦理规范，又使本能的欲求获得满足，此时，“本我”、“超我”与“自我”三者的作用平衡，人的心理活动便处于协调和健康的状态。心理学理论把心理健康教育过程分为心理辅导、心理咨询和心理治疗三个范畴。20 世纪 50 年代，艾里克森(Erickson)提出了终生发展的心理健康教育理论。随后，丁克米耶和卡德威尔(Dinkmeyer & Caldwell)等人于 1976 年提出了“发展性辅导”理论，认为心理健康教育的重点是促进发展性辅导的成长发展。“发展性辅导论”使心理健康教育从原来的重视诊断与治疗，转到重视教育与预防的发展轨道上来。心理学家卡普兰(Capalan)界定心理突发事件是“面临突然或重大生活事件(如亲人亡故、突发威胁生命的疾病、灾难等)个人既不能回避，又无法用通常解决的方法来解决问题所出现的心理失衡状态”①。心理失衡或心理障碍往往是高校突发事件的重要诱因之一。因此，对高校师生实施心理健康教育是高校突发事件应急管理必不可少的重要组成部分，这恰恰体现了心理学基本理论对高校突发事件应急管理的理论价值。

---

① 诺曼·奥古斯丁.危机管理[M].北京：中国人民大学出版社，2001.

## 三、高校突发事件应急管理国内外研究评述

### (一) 国外的相关研究

突发事件的应急管理研究是西方社会关注的热点。国外的相关研究很多,也较为成熟,研究视角各异,基本呈现出了系统化、科学化的趋势。就现有文献的综合分析,国外的研究成果中多用 emergency management 和 crisis management(Akovou,2002;Brock,2007;Kathleen,2003;Kyoo-Man,2008) 两个关键词。应急管理最早起源于军界,发展于商业企业界,成熟于公共管理界。其中国际较为权威的研究应急管理的刊物 *Journal of Emergency Management* 和 *International Journal of Emergency Management* 对于应急事件管理的研究较为系统与科学。对高校 emergency(突发事件)、crisis (危机)、risk (风险)、potential problems (潜在问题)的研究,最初源自公共关系学学科的学校公共关系。总体来说,国外学者在这一领域的研究起步较早,成果较为丰硕。其中,尤以美国和日本的突发事件管理体制走在世界的最前端,尽管它们的体制带有各自国家的地域特征,但是无论理论研究还是实践方面都较为成熟、完善,其成熟的经验和先进的成果值得我国借鉴和思考。

#### 1. 美国关于突发事件应急管理的相关研究

美国公共安全管理的研究,不论是从应急管理理论的探讨,还是在应急管理的实践方面都比较先进,总体呈现出人员配备专业、法律法规健全、组织机构完备等特点。① 美国将公共安全管理的运行分为四个阶段:减除——预防危害发生;准备——危机发生的设想及应当具备的动员资源和救援素质;应对——应对安全危机采取有效的举措;恢复——对遭受损失的社区提供帮助。关于突发事件应急管理系统的研究也较为成熟。美国突发事件管理系统阐述了美国应对突发事件的有效机制,有效地针对各类型、各区域、各种规模的突发事件采取相应的对策;系统内部相互协作,较好地应对了各种应急事件。美国突发事件管理系统包括突发事件指挥系统、通讯与信息管

---

① 崔卓兰,江乐忠. 高校公共安全法律研究[M]. 北京:人民出版社,2009.

理系统、资源管理系统;其核心部分为指挥系统,其他系统受指挥系统统领;具有标准化、灵活化等特点;利于统筹、协调一致,形成合力,有效地处理各种突发性事件以及预防突发事件的发生。美国突发事件管理系统从某种程度上,是科学的、系统的、成熟的,对我国突发事件应急管理有借鉴意义。关于突发事件应急管理组织队伍的建设,美国也提出了一整套较为完善的系统结构。

现在学术界一般将 1952 年卡特里普、森特等著名学者对美国高校存在的一些问题,如管理成本上升、财政危机、学生人数和政府支持下降、公众批评、公众要求增长等的研究视为高校突发事件的危机管理的开始。卡特里普、森特的研究是从公共关系学的视角进行的研究,并不是真正意义上针对高校的危机管理提出的。而正式提出并大声疾呼高等教育危机的则是美国学者库姆斯,他从宏观角度对 20 世纪 80 年代世界高等教育的危机进行研究,而且在其代表作《世界教育危机:八十年代的观点》中,把“教育增长一定能促进经济增长”的心态视为主要的世界教育危机之一。[①] 在这一时期还有一位非常具有代表性的学者,那就是全球知名危机管理专家、莱克锡肯传播公司总裁美国人史蒂文·芬克和他的《危机管理——为不可预见危机做计划》,该书出版于 1986 年,在该书中史蒂文·芬克系统地提出了危机管理的理论,并且构建了较为系统的危机管理分析框架。但学界公认最为权威的著作当推美国学者勒纳(Lerner)的《校园危机反应实战指南》,该著作针对美国校园中出现的一些“急性精神创伤”(Acute Traumatic Stress)如自杀暴力、滥用药物、怀孕试婚、车祸幸存者、骚扰等开展对策研究和教育培训,被誉为“一套校园危机的综合反应计划”。该计划已经为日本、德国等数百个国家和地区的众多学校、医疗机构、政府等组织提供服务,影响十分广泛。

美国著名学者、国际教育发展委员会(ICED)副主席菲利普·库姆斯在 1985 年出版的《世界教育危机:八十年代的观点》中正式提出针对教育危机进行研究。美国学者 Coltrane William Lee 研究了美国反越战学生游行示威活动。通过分析管理者的责任,研究者认为

---

① [美]库姆斯. 世界教育危机:八十年代的观点[M]. 赵宝恒,等,译. 北京:人民教育出版社,1990.

很多很好的解决案例在于进行了有效的沟通；研究了英国大学生运动，认为他们更加坚持理性，且与政府互动性适宜，较好地实现了他们发动学生运动的目标。研究者从中分析了英国学生运动较美国学生运动更加容易接近自己的目标。[①] 美国学者 Lynn 指出对校园紧急事件采取分级制度，并相应做出响应，一般都设有专门机构负责应急管理事务，在对高校突发事件和危机事件分析中，采用了危机矩阵的分析方法。Lynn 针对高校的突发事件进行分析管理，提供危机分析数学模型，为突发事件应急管理提供数据依据。美国学者 Eugene 在《校园危机管理：计划、防范与恢复》一书中大篇幅介绍了高校应急团队的建设及培训，提出了高校应急团队的运作策略、构成成员、组织弹性、职责、快速响应等观点，并指出专业队伍的建设是高校应急管理最根本的核心内容。Eugene 针对高校的运行及管理方面对高校如何应对突发事件提供了可参考的建议，为应急管理队伍的建设提供了可行性策略。

美国联邦政府应急管理署（FEMA），根据各州的实际情况，与各州教育行政部门合作，制定学校危机管理的政策并采取一系列措施，指导学校安全管理的进行。美国的《危机计划的实用资料：学校与社区指南》指出：突发事件的应对，要以预防为主。危机的过程包括“潜伏、爆发和恢复重建”三个时期；危机管理包括“危机的预防、危机的准备、危机反应、危机后的恢复”四个阶段。[②] 关于高校应急管理组织的建设，美国采用校内与校外对学校突发事件应急管理相结合的体制。校外安全管理民间组织一般由两部分组成：学校安全服务署和校外监督委员会。学校安全服务署的职能是：① 给学校提供安全管理的教育；② 为学校提供安全管理的培训；③ 给学校提供安全评估，并提出改进建议；④ 帮助学校组织防爆模拟演练。校外监督委员会主要针对校内安全管理进行监督并提出相应建议，从而提高学校的安全管理意识。校内安全管理组织，由学校校园警察和保卫组织组成，负责学校常态及非常态的师生生命财产的安全。此外，美国高校的校内安全管理组织体系中是以校长为首，校长有安全管理职

① 冯润民．中外高校校园危机管理研究现状及反思[J]．思想教育研究，2008(10)．

② 朱晓斌．美国学校危机管理的模式与政策[J]．比较教育研究，2004(12)．

权，是学校安全管理的总指挥。

2. 日本关于突发事件应急管理的相关研究

日本官方关于突发事件的应急管理，在政策方面及管理系统方面颇有自己独到的建树，呈现日本独有的特点。关于校园突发事件，日本政府出台了一系列的法律法规，主张通过法制化的强硬措施，引导和规范校园突发事件应急管理工作。目前，日本拥有较为健全的校园安全法律法规。日本的宪法、教育基本法、学校保健法等都对校园安全做了相关规定。此外，日本还专门制定了一部学校安全法，维护学校师生的利益。日本拥有综合的校园突发事件应急管理体制，从文部科学省到学校相关部门都很重视校园突发事件的预防与应对工作，在突发事件应对过程中，以行政首脑为主，统一指挥，各相关部门协调联络，由中央会议制定对策，学校相关部门具体实施。此外，日本高水平应急管理机构和专门人才队伍的建立，也为学校突发事件的应急管理提供了有效的指导和帮助。

总的来说，美国、日本等国家关于突发事件的应急管理较为成熟，从不同视角对突发事件的应急管理展开研究，拥有较为完善的法案体系和相对合理的机构设置，并为校园突发事件的应急管理提供了一个法制化环境，提高了学校师生的应急管理意识，使学校突发事件应急管理能够有序、高效地进行。此外，其他国家的很多学者，也围绕突发事件进行了深入研究。德国著名社会学家乌尔里希·贝克于 1984 年出版的《风险社会》中就提出了风险在经济活动中的重要意义，风险已成为后工业社会的重要特征。英国知名行政学家胡德于 1986 年出版了论文集《偶然事件与设计：当代关于风险管理的争论》从社会心理学的视角剖析危机风险管理。进入 21 世纪，特别是在美国“9·11”事件以后，危机管理的重心就发生了转移，美国教育部就郑重说明，学校危机管理的核心是学校的全面安全，即全体师生的健康、安全和幸福。美国教育部在 2003 年 5 月向全国下发的《危机计划的实用资料：学校与社区指南》的基础上制定了学校危机管理的连续四阶段模式①，即“危机的缓解与预防”、“针对危机做准备”、“对危机的反应”、“危机后恢复”。特别值得一提的是，为了加强高校

① 朱晓斌. 学校危机管理的模式与政策[J]. 比较教育研究，2004(12).

之间在危机事件信息方面的交流与分享，进一步促进对危机事件的研究与应对，许多国家还纷纷建立了堪称现代和专业的“校园危机反应网站”，而且访问量很大。如，Turner Jeffrey Alan 从历史角度研究了美国南部的学生运动，揭示了当时学生运动采取静坐与示威方式以及历史原因，由于涉及人员多、跨度时间长，客观上导致美国南部高等教育和社会危机。这场运动在对学生造成伤害的同时，对学校和社会稳定都产生了负面影响。危机后，人们开始思考正确处理学生运动，保持社会稳定，进而实现社会良性发展的问题。Hathaway Will 研究了密执安大学 R. W. 弗来明校长处理大规模学生抗议示威活动的经验和技巧。他认为，认真听取意见，与法律法规一致，做好冲突管理的各项准备工作。Lee Roger Ray 认为随着社会发展，高校大学生危机的潜在风险有进一步发展趋势，有必要对原来的法律、政策进行研讨，所以提出了一种新的政策模式，来防范学生群体的过激行为。①

总的来看，国外关于突发事件的应急危机管理研究的特点主要有：一是跨学科交叉研究，现有的国外高校突发事件的危机管理研究已不仅仅局限于管理学和教育学，大多是法学、传播学、社会学、心理学、人类学等众多学科的广泛合作研究。二是研究方法较为科学，国外多将校园危机管理的研究从定性研究转入定量研究，架构了一系列突发事件应急管理的各种模型，提高了高校突发事件的危机管理的科学性和可操作性。三是研究与政策实施结合密切。国外学者的相关研究成果，能够及时转化为政府的公共政策实施，并经过检验修正理论的不足，实现了学术研究与工作实践的良性互动。

### （二）国内的相关研究

相比较国外的高校突发事件应急管理研究而言，国内的相关研究起步较晚，基础较为薄弱。尽管危机管理理论的古典理论起源于中国（“凡事预则立，不预则废”，就是中国古代对危机预防思想的经典概括；“亡羊补牢，犹未为晚”则是中国古代对危机管理思想的总结），但是这些危机管理的经典思想运用到我国现代危机管理方面的理论研究却起步相当晚。

① 冯润民. 中外高校校园危机管理研究现状及反思[J]. 思想教育研究，2008(10).

1989年以前，我国高校突发事件发生频率较低，关于高校突发事件的理论研究处于萌芽状态。新中国成立后，国内突发事件应急处置主要是单一部门对应单一灾种的应急管理研究。如公安部主要集中对治安类突发事件的应急与处置，地震、气象部门主要关注研究防震减灾等方面。与之相对应的是，学者们的研究也集中表现为对某一种自然灾害、事故灾难的预防及处置。对于高校而言，党的十一届三中全会后，“教育战线把工作重点转移到为社会主义现代化建设培养有社会主义觉悟的有文化的劳动者和又红又专的人才上来，取得了可喜的成绩”[①]。在这个时期，高教界的研究触角更多的是对高教管理体制、学科建设、学位管理、教师地位及待遇、科研管理等方面的关注，对高校突发事件的研究较少。以“高校突发事件”作为关键词在期刊数据库作检索，从1979年至1988年，所得文献几乎为零，直至1989年学者才使用了“突发事件”一词。[②] 但是，使用高校“治安管理”这类关键词来检索，所得文献较多。且在1987年，湖北省、上海市高校保卫工作研究会宣告成立，以科学应对各种扰乱教学科研正常秩序的事件为己任。所以，有学者将这一时期的高校突发事件称为“治安事件”，将高校群体性事件，如罢课、游行称为“学潮”。[③] 因此，在这段时期，较少使用“突发事件”一词，侧重研究高校“治安事件”。

20世纪80年代，尤其是1985年后，高校突发事件表现在：“一些学校管理松弛、秩序混乱，除了社会上的不良分子随意出入学校，扰乱滋事外，学生学习动力不足，厌学弃学、考试作弊的现象日益增多；打架斗殴和赌博的情况也比较严重。”[④]学者姚兵、秦建较早将此类事件概括为“学生突发事件”。[⑤] 譬如，针对如何防治大学生赌博，有学者提出应该加强思想教育抵御社会恶习的不良影响，并且引入

① 五年见初效——党的十一届三中全会以来教育工作的主要成就[J]. 人民教育，1982(10).

② 姚兵，秦建中. 学生突发事件的预测及其疏导教育[J]. 当代青年研究，1989(8).

③ 郭强. 中国突发事件报告[M]. 北京：中国时代经济出版社，2009.

④ 滕藤. 加强学生管理　整顿高校秩序[J]. 中国电力教育，1988(10).

⑤ 姚兵，秦建中. 学生突发事件的预测及其疏导教育[J]. 当代青年研究，1989(8).

法制教育。[①]

20 世纪 90 年代，高校开始审慎对待突发事件，并试图寻找高校突发事件的原因，探析突发事件的控制及疏导。1994 年，国内最早研究高校突发事件的学者周贝隆，提出了“中国教育的危机”[②]的论断，开创了对高校危机管理研究的先河。刘泽南的《高校突发事件的成因及处置》可称为第一篇系统研究高校突发事件的论文。他在文章中提到，高校突发事件的成因有三类：激发型、诱发型、自发型。20 世纪 90 年代高校突发事件多数是因为治安问题或学生生活问题所激发，高校周围及校内的店、摊、点是重要的“激发源”，政治事件、物价上涨、家庭经济负担过重等为“诱发源”，学生个体因利益表达需要而联络组织他人视为“自发源”。[③] 还有学者则将 20 世纪 90 年代大学生的突发事件分为五种类型：政治事件、意外死亡、意外伤害、自我伤亡、他害伤亡。[④] 这些研究对帮助高校识别突发事件有一定积极作用。其他学者基本上也是从校园治安（吴福光，1995；殷素祥，1999；王贵中，1999）、思想教育（郭万牛等，1996；蒋笃运，1991）、学生心理（孙建中、朱茱，1996；王耀文，1998）三个角度来进行研究。这一时期高校突发事件的分类虽然还不是很全面，但关于应急处置的具体路径却具有一定的借鉴价值，如安抚法、威慑法、疏散法、消除法等[⑤]；早预防、早预测、通力合作等方法[⑥]。另外，在应急管理的主体方面，除了将保卫部门、后勤部门视为应急主体，凌常荣（1999）第一次探析高校政工干部在大学生突发事件中的角色功能。高校突发事件的研究方法在这一阶段主要以心理分析、案例分析为主（孙建中、朱茱，1996；杨晓苏，1996）。

进入新世纪，高校突发事件研究进入全面发展时期。随着高校的扩招，从 2000 年起，高校内部管理面临巨大挑战。扩招一方面使

---

① 刘汉庭，刘军喜. 上海大学生赌博问题浅析[J]. 青年研究，1988(7).

② 周贝隆. 从“危机”的禁忌谈到中国的教育危机[J]. 科技导报，1994(4).

③ 刘泽南. 高校突发事件的成因及处置[J]. 思想教育研究，1994(8).

④ 凌常荣. 大学生突发事件有关问题探析[J]. 广西社会科学，1997(3).

⑤ 朱根林. 如何处置高校政治性突发事件[J]. 上海高教研究，1990(4).

⑥ 王作福. 论高校学生非政治性闹事苗头的特点、原因及对策[J]. 邮电高教论坛，1996(2).

得数百万人享受到了高等教育均等的机会，另一方面也导致高校办学资源全面紧张，教学管理压力增大，由此引发了多种类型突发事件。

2003 年 3 月，“非典”在我国爆发并流行，给社会带来了全方位的强大冲击，其所造成的严重结果，给我们每个人敲响了警钟，高校突发事件的应急处理也显得尤为重要，并日益凸显出来。高校突发事件应急管理越来越来得到相关学者和管理者的重视，所以有学者将 2003 年“非典”事件看作是我国高校突发事件危机管理的元年。“非典”之后的“汶川大地震”、“H1N1”等事件，不断推进高校突发事件研究的热潮。从一组数据就可见一斑，据不完全统计，以“校园危机”“高校突发事件的危机管理”为关键词在中国期刊全文数据库进行搜索，20 世纪 90 年代仅有不足 10 篇，到了 21 世纪特别是 2003 年后论文发表数量成倍增长，2003 年 400 多篇，2009 年已超过 2000 篇。由此可见，国内高校突发事件的危机管理研究得到了发展，同时我们也应该看到存在的不足和问题。这一阶段的研究，大致情况如下：

1. 关于高校突发事件的概念、类型和特征的研究

学者的研究中，对高校突发事件的概念尽管具体表述存在差异，但基本上已经形成了比较一致的认识。高校突发事件是指那些发生在高校内（或虽未发生在高校，却与高校中的人或事有相当联系），事前难以预料，正在或者即将危及学生身心健康、生命或财产安全的，对学校的教学、工作、生活秩序造成一定影响、冲击乃至危及社会治安和政治稳定的事件。① 巴硕（2012）提出，高校突发事件归纳为以下几种类型：第一类是自然灾害对高校的破坏，包含地震、洪水等；第二类是在高校里发生的卫生性灾害事件，包含传染病流行、食物中毒等；第三类是高校里的人为灾害事件，包含火灾、漏电事故、校园交通事故等；第四类是高校学生的群体性聚集事件，包含游行、非法集会、罢餐等；第五类是校园伤害事件，包含学生自伤、校园暴力伤害事件、

① 龚光军. 高校突发事件的类型、成因与应对的多维探析[J]. 内蒙古财经学院学报，2009(4).

师生冲突互伤、恐吓、劫持、群体斗殴事故等。① 李敏智(2010)提出，高校突发事件同时具备紧急性、扩散性、时空不确定性、敏感性等特点。②

2. 关于高校突发事件发生原因的研究

陈丽萍等(2009)认为，高校突发事件发生的原因有以下几个方面：部分高校日常管理较为松散、安全管理制度不健全是发生校园突发事件的外部根源；我国大学生应对校园突发事件的能力明显欠缺是发生校园突发事件的内部根源；校外的社会因素是发生校园突发事件的社会根源。关于高校突发事件的归因及预防，陈丽萍从管理的视角分析了突发事件应急管理策略，以归因的研究方法进行研究，从宏观与微观角度进行分析，利于突发事件的有效处理。③ 王树华等(2010)认为，高校突发事件有三大方面原因：学校层面：第一，管理方式相对落后，甚至存在重大管理漏洞；第二，后勤管理社会化改革带来的新问题。学生层面：第一，大学生心理不健全是引发突发事件的主要原因；第二，家庭困难学生问题凸显。外部环境方面：第一，不可抗拒的自然灾害；第二，意识领域的价值观渗透；第三，社会发展矛盾的影响。④

3. 关于高校突发事件危机管理、应急管理等方面的研究

尽管应急管理和危机管理这两个概念的提出有相当长的历史，但在我国，应急管理和危机管理两个概念仍主要与近十多年改革开放实践中所面临的公共安全方面的挑战密切相关。2003 年“非典”事件促使中国政府不得不重新审视自身的抗灾应急体系。此时，学者们的相关研究成果日趋丰硕，但在研究中也存在部分学者将应急管理和危机管理的概念混淆使用的现象。在高校突发事件危机管理研究方面，赵中建(2003)提出学校危机管理即学校管理者根据学校

---

① 巴硕. 浅谈高校学生突发事件的处理与预防[J]. 活力，2012(10).

② 李敏智. 从辅导员角度谈高校突发事件的处理与预防——以某起大学生突发事件的处理为例[J]. 学理论，2010(12).

③ 陈丽萍，李义发. 试论高校突发事件成因及应对策略[J]. 牡丹江教育学院学报，2009(4).

④ 王树华，范光宇. 和谐社会背景下高校突发事件成因分析及对策研究[J]. 长春理工大学学报，2010(8).

的危机管理制度和计划对学校危机进行预防、处理和复原的策略应对过程，并应当成为学校日常管理制度的一个组成部分。① 郭正贤(2003)认为，应该建立专门的高校应对危机的管理机构，在突发灾难性事件的时候便紧急启用危机管理机制，以使学校在非常时期能够保证基本正常的教学及生活秩序。② 纪宝成(2003)撰文，总结高校防控“非典”实践的基础上，试图将原本属于公共管理和企业管理的危机管理概念引入到高校管理中，阐述了高校突发事件的危机管理的概念，界定了高校突发事件的危机管理的范畴，探讨了高校应对危机的具体措施，并就高校如何在日常工作中加强对危机的预防和管理提出了若干建议。③ 陈昌贵(2003)发表《建立起应对突发事件的高校管理新机制》，同样提到了高校建立应对危机的管理体系。白涛(2005)等也从危机及危机管理的概念阐释了高校危机、高校危机管理的内涵、类型及其特点，提出了高校危机管理体系的基本框架，结合高校管理的实际，探讨了高校危机管理的基本原则及具体对策。④ 王茂涛(2005)认为应从多角度构建高校危机管理体系。⑤ 清华大学公共管理学院薛澜教授等完成《危机管理——转型期中国面临的挑战》著作，对高校突发事件的危机管理进行系统的研究。在这一时期，北京大学、清华大学、复旦大学等国内高校纷纷颁布突发事件应急处理预案。一时之间，高校突发事件的危机管理逐步从理论研究落实为了公共政策。在高校突发事件应急管理研究方面，张娅岚(2008)从理论和实践两方面对高校应急管理进行了研究，认为建立一套完善的高校应急管理机制，无疑是高校管理工作的一项重要内容，也是社会应急管理不能不面对的重要问题，并对突发事件应急管理机制提出建议：① 构建突发事件领导决策机制，改善运作程序管理效率；② 建立突发事件预警机制，提升应急管理运行状态；③ 理顺信息传递网络系统，确保应急措施合理高效；④ 强化应急心理支

① 赵中建，徐士强. 学校危机管理——由“非典”事件引发的思考[J]. 上海教育科研，2003(9).

② 郭正贤. 高校危机管理的探索[J]. 长春工业大学学报，2003(4).

③ 纪宝成. 从“非典”防控看高校的危机管理[J]. 中国高教研究，2003(8).

④ 白涛，许中华. 高校危机管理对策初探[J]. 华南理工大学学报，2005(2).

⑤ 王茂涛. 高校危机管理体系的构建研究[J]. 阜阳师范学院学报，2005(1).

持系统，促进冲突处理取得综合效果；⑤ 加强高校法制建设，推动管理合法化制度化。[①] 杨德才(2009)提出解决高校生活园区突发事件应急管理的措施和相关建议。首先提出解决高校生活园区突发事件在事前、事后应急管理过程中应遵循的原则。在坚持这些原则的基础上，应根据高校生活园区突发事件发生的实际情况，从应急管理意识培养、组织机构建立、应急预案、预测预警、决策机制、现场处置、信息公开、后勤保障、恢复评估、教育培训等方面进行阐述。[②] 张凯、张一飞(2009)认为加强高校突发事件应急管理的途径是：① 加强应急管理的法制建设；② 建立多部门协同管理机制；③ 健全高校内部应急教育机制等方面。[③] 孟大川(2010)认为，突发事件应急管理要增强法制理念和法治理念，突发事件应急管理工作应在一个法治化环境中进行，做到有章可依，并提出要健全应急法案体系，建立突发事件应急管理的行政征用法律制度、行政救助法律制度、行政指导和行政监督法律制度。[④] 钱伟超(2010)指出转变应急管理理念、加强相关法制建设等方面来增强高校突发事件应急管理能力建设。[⑤] 凌加泉(2010)从三个支持体系和三个运行机制构建高校突发事件应急管理系统，其中三个支持体系是：组织框架、规章制度、信息管理；三个运行机制是：预防预警机制、应急处置机制和评估恢复机制。[⑥] 李佳源(2011)认为学校突发公共事件应急管理体系的改进和完善需要从静态的法规、制度与组织机构到动态的预防、应对与恢复两方面着手，有序、有效地抵御危机，将灾难带来的损失最小化。[⑦] 在高校突发事件应急管理理论的未来研究走势方面，王静、叶中华(2010)认为，多学科交叉研究、宏观理论与微观对策研究并举等方面是未来的

---

① 张娅岚. 我国高校突发事件应急管理研究[D]. 重庆：重庆大学，2008.

② 杨德才. 高校生活园区突发事件应急管理研究[D]. 上海：华东师范大学，2009.

③ 张凯，张一飞. 浅析高校突发事件的应急管理[J]. 学校党建思想教育，2009(8).

④ 孟大川. 论突发事件应急管理的法治理念与法律制度[J]. 四川文理学院学报，2010(1).

⑤ 钱伟超. 高校突发事件应急管理研究[J]. 云南行政学院学报，2010(4).

⑥ 孔德民. 转型期高校学生突发事件管理中的预警机制探索[D]. 上海：华东师范大学，2006.

⑦ 李佳源. 学校突发公共事件应急管理体系的改进和完善——以汶川地震中的桑枣中学为例[J]. 宜宾学院学报，2011(2).

研究方向。突发事件的复杂性，决定着应急管理的研究要以多学科专业知识为支撑，多方面立体展开。宏观理论方面要逐渐建立突发事件应急管理的理论体系；微观对策方面，针对具体问题，提出相应的可操作性对策。①

4. 关于高校突发事件应对机制的研究

孔德民(2006)提出，从组织、制度和沟通三个方面构建高校学生管理中的预警机制。杨馨玫(2008)归纳和论证了建立和完善高校社会性突发事件应对机制的可行性；同时，探讨了高校社会性突发事件应对机制的建立和完善。通过前面的分析和论述，从预警机制、决策机制、应急动员保障机制、心理干预机制和新闻发言人机制五个方面建立和完善应对机制。杨馨玫从制度角度，对突发事件的应急管理进行制度化的规约，以保障突发事件的有效应急管理。② 刘会亮(2008)认为，我国高校突发事件预防法律制度构建的具体策略包括制定校园安全法，设立校园警察并赋予其执法权，建立法制化心理干预机制等。③ 吴洁等(2009)从内部机制和外部沟通两个方面分析，试着去构建一套高校突发事件的预警机制。④ 刘阳(2010)认为，高校突发事件应对机制的完善应该包括以下几方面的内容：政府法规体系建设与高校突发事件应对机制的完善；社会联动与高校突发事件应对机制的完善；高校管理创新与突发事件应对机制的完善；学生危机素质培养与高校突发事件应对机制的完善。针对高校突发事件应急管理机制的机制不完善，刘阳针对后续机制存在的问题进行研究，对机制的建构提供了依据。⑤ 谢凌凌(2010)从宏观层面构建出体现资源配置和职责配置相统一、"闭合"运行与"开放"吸纳相统一以及动态要素与静态要素相统一的高校应对突发事件的预控整合

---

① 王静，叶中华. 我国高校突发事件应急管理的背景、现状与趋势[J]. 安全，2010(1).

② 杨馨玫. 高校社会性突发事件应对机制研究[D]. 南昌：南昌大学，2008.

③ 刘会亮. 高校突发事件预防法律问题研究[D]. 长沙：湖南大学，2008.

④ 吴洁. 高等学校突发事件预警机制研究[J]. 北京工业大学学报(社会科学版)，2009(2).

⑤ 刘阳. 中国高校突发事件应对机制研究[D]. 长春：吉林大学，2010.

机制。①

在学术专著方面，2003 年“非典”疫情后，随着我国政府管理和学术研究机构对公共危机管理的关注和研究如火如荼的深入展开，关于高校突发事件的研究，除了翻译了大量国外的相关著作以外，国内学者们的专著也逐渐增多，主要有李余华所著的《高校突发事件应急处置机制研究》；崔卓兰、江乐忠所著的《高校公共安全法律研究》，该著作里就有专门章节探究高校突发事件；薛澜、张强、钟开斌所著的《危机管理——转型期中国面临的挑战》；李经中编著的《政府危机管理》等著作；林毓铭在《常态与非常态风险视域的应急管理》一书中也单独列出高校突发事件应急管理，深入分析其特征及内涵；陈光《高校突发事件应对策略论》等。

港台地区对校园危机的策略研究较大陆发展更为迅速。其中，颇具影响力的是香港家庭福利会服务主任胡洁婷、杨虹、骆慧芳等人于 1999 年编写的《临危不乱：校园危机管理手册》和台湾吴莉玲撰写的《十大校园危机管理手册》，两部著作方便、实用。尤其是《十大校园危机管理手册》对台湾中学流行的突发事件——天然灾害、安全事故、自杀自伤、校园暴力、学生犯罪、师生冲突、外力入侵校园、滥用药物、性侵害和集体食物中毒等，开展了专项研究，并提出了应对策略，具有很强的实用性和操作性。香港于 1999 年启动“校园危机支援计划”，该计划针对香港地区中小学常见的五大类危机——自杀、校园暴力或欺凌、滥用药物、性骚扰或性侵犯和精神健康问题，开展对策研究，已经为近百所中小学的教师提供不同专题的工作方法或减压活动。台湾的一些高校，如台湾师范大学、彰化师范大学也开展了类似课题的专项研究，收集整理了大量资料和案例，具有极高的参考价值。不足的是港台地区的研究成果多局限在中小学范围，且地方色彩比较浓厚，这使得其在高校推广受到一定的限制。②

以上研究表明，国内学者关于高校突发事件应急管理的研究已经进入成熟期，已经认识到突发事件对高校声誉和形象、生存和发展

---

① 谢凌凌.从风险预警到危机干预的资源配置与整合——高校突发事件的认识与应对[J].教育科学，2010(1).

② 吴建勋.浅探高校危机管理[J].生产力研究，2003(6).

的重大影响，并已做了初步的研究，提出了大量颇具建设性的理论与实践成果，这对于本研究的深入展开具有较大的借鉴作用。但从现阶段收集到的资料来看，仍存在如下特点：① 概念讨论色彩纷呈。国内研究者提出了“校园突发事件”“高校危机事件”“高校公共突发事件”等多种概念，但对这些概念解释的差异性不大。可以说，多数研究者未能严格区分这些概念，基本是在混合使用。② 专题性研究逐渐深入。教育部2007年发布“高校公共突发事件处置体制机制及保障工作研究”哲学社会科学研究重大课题，分10个子课题对高校公共突发事件进行专题研究。其中的典型是中山大学教科所，他们就突发公共事件中高校管理的对策研究形成了自身初步的研究体系和框架。③ 宏观性的理论研究与针对性的对策研究比较欠缺。即宏观的基础理论、整体框架和微观的各类学校的危机管理计划、演练方案、行动选择、应对能力建设等对策研究比较欠缺。经过课题组大量的文献梳理和分析发现，目前国内学术界尚无致力于高校突发事件应急管理能力专题研究的课题，具体成果更是寥寥，诸多共性问题还有进一步深入推进的空间，这无疑对高校突发事件应急管理能力这一研究荒野提出了现实诉求，不仅可以丰富高校突发事件应急管理能力建设的理论，也可以在实践上为提升高校突发事件的应急管理能力提供决策依据。

# 第二章　高校突发事件应急管理能力指标体系

如何有效预防和迅速处置各类突发事件，是对转型期新的形势下我国高校治理能力和危机处理能力的重大考验与挑战。自20世纪末以来，伴随着高校突发事件应急管理从理论、政策走向实践、实务，出现了各种不同形式的应对和处置突发事件的机制和体系。这些处置机制和体系在突发事件处置过程中的作用如何，如何有效完善这些机制，这就需要对高校的应急管理能力和机制进行科学评估和衡量。欲达到科学考核，应急管理绩效评估亟须科学的能力指标体系作为支撑。

## 一、高校突发事件应急管理能力指标体系建构关键要素

高校突发事件指在内外环境影响下，在高校内外部突然发生，对高校师生造成人身和财产安全威胁，给学校教学秩序、管理工作、师生生活带来混乱或严重干扰的需要采取应急管理措施予以应对的不确定性事件。综合国内外关于高校突发事件概念的界定，其共性要素包括：① 突发性；② 具有潜在的危险性；③ 需要迅速采取行动；④ 学校管理者不能完全掌控；⑤ 有可能产生出人意料的后果及影响；⑥ 引发媒体和公众的强烈关注。国内学者一般为研究的方便，根据产生的根源和性质，将高校突发事件分为自然灾害类、公共卫生类、社会安全类、政治风波类、学校管理类等五大类型突发事件。高校突发事件应急管理能力指高校通过预防、处置、善后等应急管理行为，避免突发事件发生或减少突发事件损失的本领。仅从危机管理过程原理出发讨论高校危机管理能力体系是远远不全面的。从系统论视角看，高校应急管理能力是一个综合的体系，且该体系是一个融合了参与主体、运行机制、支持资源三个支持架构并以一定结构形式

联结构成的具有管理功能的有机整体。本研究认为，高校突发事件应急管理能力体系包括：主体防控能力、机制运行能力、资源支持能力。主体防控能力是前提，机制运行能力是关键，资源支持能力是保障。完善的高校危机管理能力体系有助于整合各类社会资源，为高校危机管理活动提供组织保证，是政府各部门间高效协调和有序运作的前提和基础。

在学者的研究方面，追踪十几年的研究历程，国内的研究多集中于高校应急管理整体体系、工作机制和处置对策的讨论。一些学者认为，高校应急管理能力的评估指标是一个评估系统，这个系统必须要反映高校危机处置的价值和本质要求，而且组成这个系统的一个个内在指标必须具有一定的关联性。另外一些学者认为，高校管理能力评估指标体系是一个集中体现高校危机处置能力的指标集，在这个指标集之内的每一个具体指标都是根据有效处置突发事件而设计出来的，都必须能够促进高校突发事件处置能力的提高和处置机制的完善。

不可否认，这些具有代表性的认识在一定程度上涵盖了高校应急管理能力评估指标的核心，但也不难发现，我国学者对评估指标的认识缺乏一些使其良好发挥作用的必备要素。当前高校应急管理难题并不在于静态的体制、机制、制度和方案的建立，而是管理主体有效进行计划、组织、指挥、控制和协调的应急管理能力问题。因此，系统的高校应急管理能力指标体系问题研究在国内是比较新颖的研究领域，亦是需要学界给予重点关注的理论与实践价值兼备的研究课题。高校应急管理能力评估指标体系在构建过程中应重点考虑以下一些要素。

（一）高校应急管理能力指标体系的制定主体

制定高校应急管理能力评估指标的目的是为了通过以评促建，加快推进高校应急管理能力建设，而为了达到这一目的，评估指标的制定主体就至关重要。高校应急管理能力评估指标的制定主体是否有权威性，直接关系着制定出来的评估指标是否具有权威性。只有这样，制定出来的评估指标才能有一定的强制性，才能运用评估指标对高校应急管理能力建设状况进行考核评估。

### （二）高校应急管理能力指标体系的评估主体

评估主体的组成决定着评估结果的权威性，评估主体应当是能够保障评估结果公信力，应当有高校中的广大师生员工、院系部领导、学校领导、专家学者共同组成的一个具有相对独立性的综合评估主体，这样才能保证评估指标运用结果的公信力。

### （三）高校应急管理能力指标体系的运用对象

评估指标运用的评估对象范围应当是所有的能够体现出高校应急管理能力建设水平的能以自己名义进行活动的主体。通过对评估对象的评估，能够观察高校应急管理能力建设的实际情况，发现高校应急管理能力建设存在的不足。

### （四）高校应急管理能力指标体系的主要内容

评估指标的评估内容应当是一个能够体现高校应急管理能力之要义，又能根据评估对象的类别不同而体现出评估对象特色的各个指标所组成的系统。

从全国高校突发事件应急管理现状看，国内高校存在着重视危机发生时的处置，忽视日常状态下危机管理能力建设和储备的倾向。高校几乎都有应急预案，可是多束之高阁，很少合成演练，不能达到各种危机状态下的熟练对接。一旦有突发事件来临，管理者依然仓促上阵，在紧急处理时形成混乱状况，不仅付出更高的应急管理的成本，也往往造成处理的效果不佳，甚至是失败。因此，能力建设问题是起点和落脚点，注重在日常治理中融入应急管理能力建设及其绩效评估，是高校应急管理的关键所在。

## 二、高校突发事件应急管理能力指标体系的基本属性和价值

### （一）高校突发事件应急管理能力指标体系的基本属性

#### 1. 评估性

高校应急管理能力评估指标具有评估性，是通过对高校应急管理能力内在要求进行定性、定量整合而形成的一套由常规指标（内涵定性指标和定量指标）、特色指标所组成的高校应急管理能力评估指标。它可以运用一个个具体的指标评估我国的高校应急管理能力建设，较为准确地把握一定时间内相应高校的各个部门以及这些部门

之间的应急管理能力建设的具体目标及这些目标的实现程度，在此基础上为高校决策主体制定有针对性的推进高校应急管理能力建设的措施提供准确、恰当、科学的判断依据。

2. 导向性

高校应急管理能力评估指标具有导向性，是通过评估指标的运用，借助评估指标的结果，来观察各地区高校应急管理能力建设的现状与进程，预测各高校应急管理能力建设的态势及走向，为高校应急管理能力建设的阶段性目标与任务提供依据，从而实现高校应急管理能力不断增长，突发事件处置水平不断提高。

（二）高校突发事件应急管理能力指标体系的基本价值

1. 有助于完善高校应急管理能力理论

高校应急管理能力的基本含义是指各个高校在一定理论依据的指导下，按照一定的逻辑规则和原则，通过日常建构、训练、准备所拥有的处置突发事件和危机的水平和能力。在危机处置理论的指导下，我国开始了高校应急管理能力建设的实践，但是理论对实践的指导需要把抽象的理论进行具体的细化，高校应急管理能力评估指标是对高校应急管理能力基本要求和实质的细化、量化，是把高校应急管理能力理论与绩效评估理论相结合在高校突发事件处置领域的具体运用，是评估高校推进建设高校应急管理能力理论的组成部分。

2. 有助于检验高校应急管理能力建设的现状

通过运用高校应急管理能力评估指标可以对各地高校应急管理能力建设的现状进行比较、分析，进而做出客观科学的评估，可以测算出各地高校应急管理能力建设中存在的问题，检验各地高校应急管理能力建设是否有疏漏，从而使各高校不断完善危机处置的各项制度，弥补危机处置机制的不足之处，以促进实现高校应急管理能力建设的目标。借助运用评估指标得出的评估结果，还可以看出各地区高校应急管理能力建设的发展态势，从而起到预测高校应急管理能力未来发展走向的作用。

## 三、我国高校突发事件应急管理能力指标体系的不足

虽然学者对我国高校应急管理能力评估指标建设做出了有益探

索，但经仔细研究也不难发现指标体系的结构、指标评估体系机制、指标评估结果的权威性等诸多方面仍存在着问题，这些问题的存在足以影响评估指标对高校应急管理能力建设评估与导向功能的发挥，对这些不足进行总结和归纳，可以发现主要有以下几个方面。

（一）指标内容不完善，难以系统涵盖高校应急管理能力建设的内容

在高校应急管理能力评估指标的内容涉及上，有人说高校应急管理能力是一种抽象的价值理念，难以详尽量化。但事实上，在将这些较为抽象的价值体系进行细化、量化的制度设计时，虽然不可能详尽描述高校应急管理能力抽象价值的全部内容，但是我们可以从静态的制度设计和动态的应急管理两个方面来进行。因此，在设计高校应急管理能力评估指标时应当把全面性与实际性有机合理结合，在根据各个高校实际设计指标内容的同时也要把握指标的全面性，至少应当把对高校应急管理能力建设影响较大的相关因素考虑进去。

（二）指标评估主体相对单一，评估结果的公信力缺失

目前大多数高校没有对自己的危机处置能力进行评估，即使有一些高校进行评估，也是自己制定评估指标，再由自己对自身的高校应急管理能力建设状况进行评估，势必引起公众对评估结果的公正性与可信度的怀疑。

高校应急管理能力评估指标可以由高校本身制定，而评估指标的运行不能仍由制定这些指标体系的高校包办，或者是说不能完全由该高校主导。因此，应当设计一个合理的考评机制以保障评估结果真正体现高校应急管理能力建设的现状。确保高校应急管理能力评估指标考评结果公信力的关键是要赋予高校师生和社会公众对考评过程的知情权、参与权，考评不能仅仅由高校自己进行。

（三）指标组成结构不科学，缺乏体现各个高校具体特色的评估指标

高校应急管理能力评估指标的目的是为了评估各个高校危机处置能力的现状和水平，加快实现高校应急管理能力的进程，那么作为评估标准的高校应急管理能力评估指标的组成结构就应当科学、合理。

因此，在设计高校应急管理能力评估指标体系时，应当科学合理地设计指标体系的内容，应考虑到各个高校的具体情况，完善高校应急管理能力评估指标的考评对象。

（四）指标评估结果缺乏权威性，考核评估易导致形式化

高校应急管理能力评估指标能否真正实现评估高校危机处置能力的现状并最终实现促进高校应急管理能力，要保障评估指标体系科学、合理、有针对性，但是科学、合理、有针对性的评估指标体系要真正发挥作用其关键还在于要有一套保障其权威性的考评机制及考核评估结果的效力具有权威性。

因此，要保障考核评估结果的权威性，不能只是简单地规定将考评结果作为高校相关领导干部选拔、任用、奖惩的重要依据，应当将考核评估结果纳入高校领导的绩效考核，将考评结果真正实际地纳入高校的问责机制，更重要的是应当将保障高校应急管理能力评估指标考评结果的这些机制予以坚决落实。

## 四、高校突发事件应急管理能力指标体系建构

（一）高校突发事件应急管理能力指标体系构建原则

1. 评估指标体系构建的一般原则

在现代法治社会，合法性与合理性是法制对政府实施行政管理的基本要求。高校作为具有一定公权力的事业单位或民办非企业单位，在其制定相关方针政策方面与行政机关有着一定的相似之处。高校突发事件应急管理能力评估指标体系构建过程中也要遵循合法性和合理性的原则。

本来，合法性原则是对行政机关及其公务员行使职权提出的明确要求，它要求政府及其公务员在行政管理的过程中应当按照法律、法规进行。对于高校而言，合法性原则要求高校在制定相应的政策和策略的过程中不能违反法律的规定，不能与法律的规定相抵触（在这里，抵触的含义应作广义的理解，既应当包括不得违反实体法，也应当包括不得违反程序法）。

合理原则是对政府及其公务员在进行行政管理时平等地对待行政相对人提出的明确要求。它要求政府及其公务员在行使行政管理

权能时应当排除不相关因素的干扰，所采取的行政管理方式和手段必须是合理的、适当的、符合法律的目的。就高校制定应急管理能力评估指标体系而言，必须要具有一定的合理性，不得违反指标体系的预期目的，过度采取相应的措施，给其他主体造成不应有的损害。

合法性原则更多强调的是“羁束行为”，是要求各个高校应当做什么，不得做什么，有着严格的界限；而合理性更多强调的是“自由裁量的行为”，并没有对具体的行为做出明确的规定，只是指示各个高校可以做什么，在一定的范围之内赋予高校更大的自由裁量空间。羁束行为更多的是突出刚性的一面，而自由裁量的行为更多的是突出柔性的一面。

在此，我们应当注意的是，高校的各种行为是否合法容易被我们察觉，而是否合理却带有极大的隐蔽性，不容易被我们觉察。在某种程度上，不合理的行为和政策会给人们带来更大的危害。因此，高校应急管理能力评估指标的设计要以合法性与合理性为原则，把合法性作为构建高校应急管理能力评估指标的基本准则，把合理性作为高校应急管理能力评估指标的基本要求，两者并行不悖，使高校应急管理能力评估指标的设计规范化、合理化。

2. 评估指标体系构建的具体原则

(1) 科学全面性原则

高校应急管理能力评估指标是推进高校实现应急管理能力不断提高的重要抓手，实现这一目标需要在设计评估指标时以科学性、全面性为原则。科学性原则要求高校应急管理能力评估指标的设计既要有对高校应急管理能力考评的常规指标，又要有体现不同评估对象的专项指标和特色指标，以保障评估指标的可比性与针对性。

高校应急管理能力评估指标应以通过长期的高校应急管理能力建设实践自动生成的评估指标为主，避免一些能够通过突击造假来完成的主观指标，以保障评估指标结果的客观性。高校应急管理能力评估指标的设计要具有开放性，能够随着高校应急管理能力建设的进程做出调整，不断充实评估指标的内容，以保障评估指标的时效性。

全面性原则要求高校应急管理能力评估指标的设计应当尽量包含高校突发事件应急管理能力的各个方面，从静态的制度设计和动态的高校应急管理两个方面来进行。因此，在设计高校应急管理能力评估指标时应当把全面性与实际性有机合理结合，在根据高校本身实际设计指标内容的同时把握指标的全面性，至少应当把对高校应急管理能力建设影响较大的相关因素纳入高校应急管理能力评估指标的内容。

（2）层次性原则

一般而言，高校应急管理能力评估指标的设计与运用应当具有统一性，因为高校应急管理能力评估指标的目的在于通过考核评估反映高校应急管理能力建设的现状，促进高校应急管理能力达到预期的目标。

评估指标只是促进高校应急管理能力建设的一个手段，以评促建才是真正目的，体现在高校应急管理能力评估指标的构建上，就是评估指标在统一标准的前提下要有所区分，具有层次性。高校应急管理能力评估指标的设计应设置体现统一标准的常规指标和体现差异性的特色指标，使指标成为各地建设高校应急管理能力的驱动力。

（3）操作性原则

高校应急管理能力评估指标是为了化抽象为具体，将比较抽象、概括的高校应急管理能力精神实质和基本要求转化为具体、量化的可操作性指标。因此，评估指标的内容结构必须做到清晰、实用、可操作性强。要保证评估指标具有较强的可操作性，我们必须要做到以下两点：

第一，在设计指标的内容时要保证指标的实用性。高校应急管理能力评估是评估主体根据评估指标中所设置的各级指标，从指标的一级指标入手，然后从尾级指标对被评估对象进行考评的。这要求我们在设计每一个尾级指标时所选择的内容必须能够进行实际的考评。换句话说，尾级指标的设计必须具有可评估性，能够实际运用。

第二，在设计指标内容时要保证在评估过程中指标与评估数据收集的可行性。高校应急管理能力评估指标是质与量的有机统一，在对评估指标进行质的定性时必须保证具体、准确的量的规定性。为此，在选择指标时要协调好理论的指导性与现实的可行性之间的关系。

(4) 权威性原则

权威性是高校应急管理能力评估指标得以严格落实的坚强后盾，如果缺乏权威性，就难以达到通过评估指标评估结果的运用促进高校应急管理能力建设的目标。要保障高校应急管理能力评估指标的权威性必须做到以下三点：

第一，实现高校应急管理能力评估指标评估主体的社会化。实现高校应急管理能力评估指标的权威性要以指标评估结果的权威性为保障，而实现评估结果的权威性就要实现评估结果的公信力，实现评估结果的公信力就要保障高校师生和社会大众对评估过程的参与权和知情权。因此，高校应急管理能力的评估指标的评估主体的组成不能仅有高校领导或高校自身，应该实现评估主体组成的多样化。实现高校应急管理能力评估指标评估主体的多样化和社会化可以使高校广大师生和社会公众亲自参与高校应急管理能力评估的活动，亲自了解评估的过程，有助于加强评估过程的客观性，实现评估结果的权威性。

第二，高校应急管理能力评估活动的制度化。这种制度化包括高校应急管理能力评估依据的制度化、高校应急管理能力评估结果公开的制度化。前者是保障评估活动与结果权威性的基础，后者是高校应急管理能力评估活动与结果权威性的保障。实现评估依据的制度化能让高校师生和社会公众了解高校应急管理能力建设的目标是什么，实现评估结果的公开化能让高校师生和社会公众了解高校应急管理能力建设的现状与不足，从而改变高校师生和社会公众对高校态度的消极性，实现以高校师生和社会公众的满意度为着眼点的高校应急管理能力的打造目标。

第三，制约与激励的结合化。高校应急管理能力评估指标中对考评结果运用机制的设计既要包含制约机制也要包含激励机制，既体现加强对高校突发事件应急管理机制运行的规范，又体现对提高突发事件应急管理机制的促进和激发，例如，在指标体系中设定考核评估机制的扣分与加分，对考核评估结果优秀的对象予以奖励，不合格的对象予以惩处等。在制约与激励机制相结合的前提下，引导并激发高校突发事件应急主体建设高校应急管理能力的积极性和主动性。

### （二）高校突发事件应急管理能力指标体系构建的相关说明

#### 1. 指标结构说明

我们可以把高校应急管理能力评估指标的内容结构设计分为两大类：一类是评估指标的内容结构，另一类是评估指标的形式结构。从内容结构上讲，高校应急管理能力评估指标的设计可以由常规指标和特色指标两部分组成。常规指标主要是对基本要求进行细化、量化设计出来的能客观真实地评估高校应急管理能力建设的基本指标，也是高校应急管理能力评估的必然性指标。

特色指标主要是按照高校突发事件应急管理机制的要求和预期目的设计的能够体现出各个高校特色的指标，是高校应急管理能力评估的选择性指标，是评估对象对建设高校应急管理能力所做出的体现部门特色的有益探索，是根据情况可以对评估主体加分的指标。

从形式结构上来讲，高校应急管理能力评估指标可由一级指标、二级指标和细化的评估标准及相应的加分标准指标组成。一级指标的设计必须做到科学、全面，必须能够反映出建设高校应急管理能力的基本要求和内容，且做到防止指标与指标之间的交叉。

#### 2. 评估主体说明

高校应急管理能力评估指标要真正发挥作用，必须要有一个规范的运作评估指标的考核评估主体。我国以往对高校相关业绩进行考评的主体主要是高校内部或上级主管部门，是高校内部的评估主体对高校主导自身现状所做的评估或者上级部门进行的评估，这种“自己做自己的法官”或者“老子评儿子”的方式存在很大的弊端。

内部评估和具有隶属关系的评估容易陷入“当局者迷”“人情考评”等弊端，导致考评结果缺乏公信力。为了增强高校师生和社会公众对高校应急管理能力评估指标的公信度，在设计高校应急管理能力评估主体时，应当在考核评估主体中引入外部考评主体，实行评估主体中评估职能的适当分工并逐步实现评估主体的社会化。当今世界各国对某一主体进行考核评估的主体大多都是由该主体本身、社会公众和对该主体具有监督权的其他主体共同组成的内部评估与外部评估相结合的综合评估主体，就我国高校突发事件应急管理机制的评估而言，应当采取由高校内部、上级部门、高校师生、社会公众等多主体共同参与的形式。

3. 评估对象说明

评估对象是运用高校应急管理能力评估指标进行考评工作时所考评的具体承担相应职能的主体。由于作为评估对象的高校各个部门或人员在高校突发事件应急管理机制中承担着不同的职能，而评估对象职能的不同又决定着必须对评估指标在内容上有所区分。

根据评估对象的不同设计不同的评估指标，其目的有二：一是为了实现高校应急管理能力考核评估的形式正义和实质正义；二是为了使高校应急管理能力评估指标在内容上具有可比性和针对性。本研究根据我国目前高校突发事件应急管理机制中各个主体的职能不同，将评估对象基本分为以下几类：

第一类，主体防控能力。从结构上将各个高校应急管理动态过程涉及的多元参与的主体因素作为基本依据，将主体防控能力细分为决策主体能力、实施主体能力和参与主体能力。在这三个能力体系之中，决策主体是核心，是整个应急管理机制的大脑和中枢。实施主体是关键，决策制定之后并不会自动实施产生效力，其如何实施，实施的效果如何，还需要实施主体将这些决策付诸实践。参与主体是保障，广大的师生员工是校园的真正主人，他们的参与是突发事件有效处理的保障。

第二类，机制运行能力。在当前的形势下，为了有效应对突发事件，每一所高校都在事前制定了相应的危机处理机制或应急机制，以便在突发事件或危机发生之后，能够有效快速地应对和处理。该机制能力又可以细化为事前的预警机制运行能力、事中的应对机制运行能力和事后恢复机制的运行能力，对这些具体的机制运行能力的考核路径，将在下文予以详述。

第三类，资源支持能力。各种资源是应对和处置突发事件的必要保障，没有一定的人力物力资源，应对和处置突发事件只能是纸上谈兵，突发事件的有效应对需要相配套的资源支持能力，这些能力水平的高低直接影响着事件的处理效果。资源支持能力的考核指标之下可以细化为人力资源支持能力、信息资源支持能力和物质储备支持能力等几个子指标。

4. 评估程序说明

一套科学的评估程序是高校应急管理能力评估活动得以客观公

正进行的基础，也是检验评估指标精良的体现。高校应急管理能力评估活动应遵循制定评估考核方案、采集和统计数据、组织评估、形成评估结果、评估结果的反馈与公布等步骤，各环节都是高校应急管理能力评估不可或缺的一部分，缺少任何一个环节都将影响评估结果的公正性和权威性。

具体来说，制定评估考核方案是实施考核评估活动的前提，科学、可行的考核评估方案直接关系到评估活动的有效性。完善的高校应急管理能力评估指标的评估考核方案应当明确评估对象与内容、评估重点与难点、评估标准与方式等因素。采集和统计数据是评估结果可信度的重要保障，目前比较可行的采集和统计数据的方法较多，比如文献调查法、实地调查法、问卷调查法等。

评估主体所要采集和统计的数据应当是高校应急管理能力建设的各种数据资料，然后进行汇总分析。组织评估是高校应急管理能力评估的重要阶段，要根据评估对象的不同选择相应的评估指标，对评估对象要客观地运用扣分与加分机制，以形成公正的评估结果。

最后是评估结果的反馈与公布，评估结果中出现的高校应急管理能力建设的不足要给评估对象反馈，使评估对象找出高校应急管理能力建设尚存在的差距并提出解决对策，评估结果也要向高校广大师生和社会公开，接受监督。另外，对于考核评估方法可采取高校应急管理能力建设评估主体定期评估和评估对象经常性的自评自查相结合的方式，定期评估强调对建设高校应急管理能力的强制性，自查自评强调高校应急管理能力建设主体对自身的自我完善。

5. 评估结果运用说明

著名的美国法学家庞德认为“法律生命的真谛在于它的实行”。可见，设计一套精良的规范制度并不是目的，其真正目的是设计出来的规范制度能够被严格的执行。高校应急管理能力评估指标也不例外，高校应急管理能力评估指标体系的生命真谛在于它能被严格的实行。但是要达到这一目的，我们还必须要保障对评估结果进行合理的运用。评估结果能否真正被运用是高校应急管理能力评估指标能否真正发挥作用的最后一道防线。因此，应建立和完善高校应急管理能力评估指标评估结果的运用保障机制，以保障评估结果的权威性和公信力。

① 把公开和监督原则纳入高校应急管理能力评估结果的运用机制。评估主体要对评估结果定期公开。高校中的广大师生、社会公众、上级政府部门对评估结果有不同意见的，有提出异议的权利，评估主体应当予以解释。

② 在高校领导绩效考评或领导干部选拔任用上引入高校应急管理能力评估结果的运用机制。将考评结果纳入高校领导问责机制，更重要的是应当将保障高校应急管理能力评估指标考评结果的这些机制予以坚决落实。建议对经过考核评估优秀的部门不仅应当予以表彰，而且应当在干部选拔任用上予以优先考虑；对于经过考核评估不合格的部门应当建立主要责任人员离岗培训制度；对于高校应急管理能力建设力度不足的，实行一把手负责制，对于其在选拔任用上实行一票否决制。

③ 在对评估对象进行评估时发现的高校应急管理能力建设的不足，评估主体应当要求评估对象进行限期改正，评估对象应当予以改正，对于拒不改正或拖延改正的对其负责人追究相应的责任。

（三）高校突发事件应急管理能力指标体系的基本内容

构建任何一个体系都需要根据该体系的目的和宗旨，以预期的作用和功能作为基本点，在此大前提之下设计切实可行符合实际的具体策略和路径。就高校突发事件应急管理能力评估指标体系而言，构建该体系的最大目的在于预防和处理。就预防而言，该评估体系的一个首要目的应该是有效预防高校危机事件的发生，宁可千日不用，不可一日不备；就处理而论，在突发事件发生之后，高校能够迅速及时有效应对危机，将突发事件给高校造成的损失降到最低。以有效预防和处理高校危机事件为皈依，构建高校突发事件应急管理能力评估指标体系，需要对各个环节和内容按照一定的标准进行分类，以能力指标为考核手段，在每一种能力指标之下，进一步设计一些子指标，以进行更为细致和深入的考察和衡量。当然，必须予以明确的是，这些指标是一个有机的综合性系统，不是每一种或几种指标能够衡量全部，这些根据其内在的逻辑结构有机组合起来，构成高校应急管理能力评估指标体系的整体架构。这些指标所表 2-1 所示。

**表 2-1　高校突发事件应急管理能力评估指标体系**

| 一级指标 | 二级指标 | 三级指标 |
|---|---|---|
| 主体防控能力 | 决策主体能力（校领导） | 应急决策能力 |
| | | 紧急动员能力 |
| | | 应急指挥能力 |
| | | 应急控制能力 |
| | | 应急协调能力 |
| | 实施主体能力（相关部门） | 规程执行能力 |
| | | 专业救援能力 |
| | | 资源整合能力 |
| | | 沟通公关能力 |
| | | 心理素质能力 |
| | 参与主体能力（师生员工） | 风险防范能力 |
| | | 开展自救能力 |
| | | 志愿服务能力 |
| | | 情绪安抚能力 |
| | | 自我教育能力 |
| 机制运行能力 | 预警机制运行能力 | 应急预案建设能力 |
| | | 应急警报发布能力 |
| | | 风险监测控制能力 |
| | 应对机制运行能力 | 预案反应能力 |
| | | 预案执行能力 |
| | | 预案创新能力 |
| | 恢复机制运行能力 | 善后处置能力 |
| | | 恢复建设能力 |
| | | 形象重塑能力 |

续表 2-1

| 一级指标 | 二级指标 | 三级指标 |
|---|---|---|
| 资源支持能力 | 人力资源支持能力 | 常设应急机构 |
| | | 专家咨询团队 |
| | | 人员培训体系 |
| | 信息资源支持能力 | 信息监测与分析 |
| | | 信息分享与预报 |
| | 物质储备支持能力 | 应急物资储备 |
| | | 医疗救助装备 |
| | | 安全保护设施 |
| | | 应急资金保证 |

1. 主体防控能力

高校突发事件涉及事前预防、事中应对及事后恢复三个环节，在治理背景下，其应急管理是一个学校内外多元主体共同参与治理的互动网络，管理主体涉及上级主管部门、政府相关部门、学校组织体系、教职工、学生、家长、媒体、社区等方方面面，这些多元主体都处在一定的位置并起着特定的不容忽视的作用。

因此，从结构上将应急管理动态过程涉及的多元参与主体因素作为基本依据，将主体处置能力体系的框架设定为：决策主体能力、实施主体能力、参与主体能力。在这三个能力体系之中，决策主体是核心，是整个应急管理机制的大脑和中枢。实施主体是关键，决策制定之后并不会自动实施产生效力，其如何实施，实施的效果如何，还需要实施主体将这些决策付诸实践。参与主体是保障，广大师生员工是校园的真正主人，也是突发事件的受害者或参与者，突发事件的处理离不开广大师生员工的积极参与和协助，他们的参与是突发事件有效处理的保障。

(1) 决策主体能力

在突发事件发生之后，如何应对和处理，这是一个系统性的工程，首要的一点就是需要进行及时有效的决策。在高校之中，决策的主体一般归属于学校的领导。由学校的领导发动应急机制，制定相应的危机应对策略，然后实施，应对和处理危机，从这个意义上而言，学校领导的决策能力就成为关键所在。决策主体能力是指在突发事件发生之后,能够决定相应策略和措施的主体分析判断、评估预计、选择优化相应解决措施的能力。因此,决策主体能力作为衡量高校应急管理能力评估指标体系的一个关键指标之一,必然起着重要的作用。以突发事件发生之后有效应对与否为标准,决策主体的能力指标之下又可细分为以下几个方面的能力指标。

① 应急决策能力。在突发事件发生之后,各方面情况都比较紧急,此时,最需要的是在紧急情况之下做出正确的决策,以便对突发事件能够及时有效的处理。应急决策能力的强弱就成了关键,应急决策能力强,能够较好地处理突发事件;反之,突发事件可能得不到很好的处理,会给学校造成较大的损害。

② 紧急动员能力。动员能力主要衡量决策主体在紧急情况之下能够调动各种人员、物资、资源的程度。在突发事件发生之后,处理和解决危机需要相应的人员和物资,在短时间之内能够支配和调度的物资和人员就成为处理突发事件的关键所在。紧急动员能力指标衡量高校在突发事件发生之后的资源和人员贮备情况以及这些人员和物资的反应速度。

③ 应急指挥能力。突发事件的处置是一个系统的、综合性的机制,需要一个强有力的指挥系统,高校决策主体在紧急情况下指挥能力的强弱程度直接决定着突发事件能否得到有效的处理。衡量应急指挥能力的最重要的指标是指挥的反应效率和时间。

④ 应急控制能力。突发事件的发生是不以人的意志为转移的,这些事件发生之后如果得不到有效的控制,往往给高校带来较大的负面影响和损失。在突发事件发生之后,最为关键的就是控制事态的发展,防止其进一步恶化造成更大的损失。因此,决策主体的应急控制能力作为衡量高校应急管理能力的指标就成为应有之义了。

⑤ 应急协调能力。处理一起突发事件,需要高校各个部门和众多人员的参与,如何协调参与的各个部门和人员,使参与突发事件处置的各种资源和人员得到合理配置,发挥最优的效用,这就需要决策主体有较强的应急协调能力。决策主体需要将能够调动的各种资源力量和人员根据突发事件的需要和事件的进展程度,综合考虑和衡量,协调配备到最为合适的岗位上,以便更为有效地处理突发事件,

将损失和影响降到最低。

(2) 实施主体能力

决策主体负责决策的制定，但这些应对突发事件的策略和方案的具体实施还是需要学校的相关部门来进行，这就关系到决策实施主体的制定能力了。任何一个科学完美合理的决策，如果实施主体的相应能力不能够胜任的话，那么可以遇见的是，这些决策在实际的实施过程中必然走样，预期效果也难以达到。

因此，实施主体的决策执行能力就成为高校应急管理能力评估指标体系的重要内容，对其进行有效考核和衡量，将成为指标体系的重要一环，将实施主体的决策执行能力进行细化，可以从以下几个指标进行进一步的衡量：

① 规程执行能力。一般而言，各个高校都有一套自己的应急预案，在预案之中，一旦突发事件发生之后，都有相应的规定动作，也就是预案的规程。这些规程在平时也许不能够发挥效用，一旦突发事件发生之后，各个实施主体对这些规程的执行能力就非常的关键。如果对这些规程熟练，执行顺畅，符合规程要求，突发事件的处理必然就有较好的效果。反之，不熟悉规程，临时抱佛脚，可以想象，在慌乱之中难以达到应有的效果。

② 专业救援能力。突发事件必然会对人员或财产造成一定的损害，专业的、有力的、行之有效的救援就成为将突发事件的影响和损失降到最低的关键之一了，因为此时，专业的救援能够有效避免突发事件损失的进一步扩大。高校决策实施主体的专业救援能力就成为衡量高校应急管理能力评估体系的重要一环。各个高校应当不断地扩大和提高专业救援能力，并在一定的时间段之内有计划地安排进行演练。

③ 资源整合能力。众所周知，每一个高校都拥有各种不同类型的资源，而平时这些资源都是处在较为分散的状态，没有也不需要集中在一起。而在突发事件发生之后，为了有效应对和处置突发事件，就需要更多的资源和有效的手段，在此情况之下，这些资源就需要进行有效整合，使这些资源发挥其最大效用，正所谓好钢用在刀刃上。对于资源整合能力的衡量就需要全面进行，各个决策实施主体在资源整合过程中必然发挥着重要作用。

④ 沟通公关能力。在决策的具体实施过程中,参与的各个主体之间需要有效的沟通,互相之间在平时的配合磨合较少,而在突发事件的应对和处理之中,这些必要的配合就成为关键,协调配合过程中的沟通能力就显得特别的重要。突发事件发生之后,会受到社会的广泛关注,各种新闻媒体,事件受害者或受事件影响的家庭亲戚朋友,都会给予更大的关注,此时,决策实施主体必须与媒体、事件相关者进行沟通公关,将事件的影响降到最低。

⑤ 心理素质能力。一个显而易见的事实是,任何突发事件都会造成一定的损失和负面影响,甚至可能造成人员的伤亡,这些都是突发事件所带来的消极作用。决策的实施主体必然会渗透到事件的各个方面,深入处置事件必然会将自身置于其中。在此情况之下,决策的实施主体在面临损害、损失和伤亡的情况下要有相当程度的心理素质才行,唯有如此,方能够将决策顺利实施,达到应有的效果,力争把突发事件造成的影响降到最低。

(3) 参与主体能力

高校中的突发事件必然会对师生员工造成影响,在处置和应对突发事件的过程中,师生员工是重要的参与主体,决策实施者在实施决策的过程中,必然要依靠师生员工的参与和协助才能顺利实施决策,有效应对和处置突发事件。

从另一个视角来看,师生员工作为高校的有机组成部分,是高校的主人翁,有能力也有积极性参与处置突发事件。作为参与主体,对他们的应急管理能力进行评估是应有之义,其子指标可以分为以下几个方面:

① 风险防范能力。突发事件发生之后,为了降低其损失和造成的负面影响,这就要求师生员工在事前具有一定的风险防范能力,其风险防范能力越高,在突发事件发生过程中,应对能力和水平必然也高,造成的损失就越少,反之亦然。因此,广大师生员工作为参与主体的风险防范能力就成为衡量高校应急管理能力评估指标的一项重要指标。

② 开展自救能力。在突发事件发生和发展的整个过程,受到事件影响的人员属于整个突发事件的过程中的一分子,是突发事件的经历者和参与者,他们本身的自救能力就成为降低事件损失、进行自

我救援的重要衡量指标。因此，事件参与者自救能力的培训和提高应当成为高校应急培训的重要内容，对突发事件参与者开展自救能力的评估和衡量能够有力地促进自救能力的提高，更有效地应对突发事件，降低损失，减少伤亡。

③ 志愿服务能力。任何突发事件发生之后，都需要大量人力物力，尤其是具有服务意识和一定服务水平的志愿者，能够壮大处置和救援队伍，对突发事件的处理有着重要作用。从这个意义上而言，对于参与者志愿服务能力的考察就成了需要，服务能力和水平比较高的志愿者群体，能够在突发事件的应对和处置过程中协助决策的实施者，发挥重要的价值。

④ 情绪安抚能力。情绪是人的重要心理表现，突发事件中的受害者往往在情绪上受到很大影响，其情绪的波动也较大，需要外界给予有效的安抚和抚慰。此刻，外界的安抚和抚慰能够给突发事件的受害者一个较好的心理上的弥补，有效减轻事件造成的伤害。因此，参与主体是否具有一定的情绪安抚相关知识，方式方法是否得当，就成为评估和考核的指标之一。情绪安抚能力越高，其效果必然越明显。

⑤ 自我教育能力。上文所述，突发事件处置的参与者是需要一定的知识和能力的，由于参与主体人数较多，较为分散，平时也难以集中在一起，对他们相关知识的教育和能力的培养很大程度上依靠各个参与主体平时的自我教育和提高。在这种情况下，对他们自我教育能力的考核就成为一项重要指标。

2. 机制运行能力

在当前的形势下，为了有效应对突发事件，每一个高校都在事前制定了相应的危机处理机制或应急机制，以便在突发事件或危机发生之后，能够有效快速的应对和处理。从突发事件的全民应对的视角出发，这些机制的有效运行是关键。如果机制不能够顺畅有效运行，那么，一切的事前预警机制、应对机制和恢复机制都只能是纸上的空文和现实中的摆设而已。

因此，有必要对机制的运行能力进行全面有效的评估和考核，该机制能力又可以细化为事前的预警机制运行能力、事中的应对机制运行能力和事后的恢复机制运行能力。

（1）预警机制运行能力

凡事必有先兆，任何事物的发展都不可能突然凭空而生，总是有着其自身的逻辑性和前因后果，其哲学上的依据就是事物发展变化总是具有一定的因果关系，有因必有果，有果必有因，因果相成。基于此，任何突发事件的发生都是具有一定的因果关系的，这些因果关系是我们进行预先估计的依据。科学合理地预测事物发展的原因，使我们能够对负面事件进行预测，从而事先采取一定的措施进行应对，尽可能地减少其带来的损害和负面影响。

高校突发事件应急管理能力一个重要的组成内容就是预警能力，这需要建构一整套预警机制。这些预警机制只有有效运行，才能起到应有的作用，达到预期的预警目的，实现事先的预防和准备，有效应对突发事件的发生。以预警机制的内在组成为标准，可以将其划分为应急预案建设能力、应急警报发布能力以及风险监测控制能力。

① 应急预案建设能力。应急预案建设能力是应急机制有效运行的关键，凡事预则立，不预则废。在突发事件发生之后，应急预案的建设水平的高低以及应急预案的科学性和理性程度在很大程度上影响着对突发事件的处置效果。因此，应急预案的建设能力作为一项重要的衡量指标有力地促进各个高校加强应急预案的建设和准备，以做到有备无患。

② 应急警报发布能力。突发事件的发生虽然说具有一定的突发性，但必然有一定的征兆，对这些征兆能否捕捉和观察到，是衡量预警机制能否实现其预期价值的关键所在。能够预见到突发事件的发生，在第一时间及时发布应急警报，提醒相关各方注意并迅速行动起来，是处置突发事件的重要要求。如果应急警报的发布能力不高，不能够及时发布应急警报，将会延误应对突发事件的宝贵时机，造成更大的损失。

③ 风险监测控制能力。突发事件的发生事先有一定的征兆，这一点已经取得共识，下一步的关键在于如何能够捕捉到这些征兆，这就是风险监测监控的问题了，准确及时的风险监测监控，能够及时发布相关预警，采取积极措施。风险监测监控能力水平的高低直接影响着预警机制的顺畅运行。因此，对风险监测监控能力进行不断的

提升，对于有效处置突发事件，起着重要作用。

(2) 应对机制运行能力

突发事件发生后，各个方面必然处于一个紧张忙乱的状态，此时各个高校的应对机制已经启动，但其运行能力必然影响着对突发事件的处置效果。作为衡量高校应急管理能力的重要指标，应急机制的运行能力处于核心的地位，属于关键性指标之一。对其进行细化，可以从预案反应能力、预案执行能力、预案创新能力等几个更具体的指标进行评估和衡量。

① 预案反应能力。突发事件发生之后，最为重要的是第一时间启动应急预案，也就是说，应急预案从启动到实际执行所需要的时间越少，为整个突发事件的处理争取的有效时间就越多；反之，应急预案从启动到实际执行所需要的时间越多，有效快速处理突发事件的时间就越少，也就越不利于突发事件的处理。这就是预案的反应能力，基本的要求是越快越好，用的时间越少越好。

② 预案执行能力。突发事件的应急预案都是事先制定好的，在事件发生之后，需要迅速启动预案，使预案能够很快发生预期效用。这就要求各个主体，尤其是实施主体有着较强的预案执行能力，预案能够得到有效的、合理的、与预案所要求的标准执行的话，其能够达到的效果也必然越好。这就要求实施主体有着较高的执行能力，重视执行能力的培养和提高。

③ 预案创新能力。世界上的任何事物都是发展变化的，没有一成不变的事物。不断变化着的社会更是如此，每一天都有新的情况和事情发生，每一天所面临的环境都有新的变化。预案的制定依据的是制定者当时所面临的情况和环境，随着这些情况和环境的变化，预案必然也要随之而变，才能够适应变化了的形势。这就要求具有预案的创新能力，能够随着环境的变化实现自我的有效更新。

(3) 恢复机制运行能力

突发事件的发生必然会对高校造成一定的损害，这些损害既包括无形的精神上的损害，也有有形的物质上的损害。损害已经出现，无法避免，要求必须勇于面对。面对这些损害，科学理性的做法是尽快地进行合理善后，对一些受到损害的地方和人员进行恢复和治疗，对受到损害的形象进行弥补和再塑，这就需要一整套恢复机制，而恢复机制的有效运行,能够很好地完成上述目标。

因此,恢复机制运行能力被列为高校应急管理能力评估指标体系的重要组成部分,以该机制在时间上的先后为标准,又可以细分为善后处置能力、恢复建设能力和形象重塑能力。

① 善后处置能力。突发事件发生之后,如何进行有效的善后处置,成了整个问题的关键。善后处置得当合理,能够将事件的影响和损失降到最低,对于高校的整体发展也会有较小的影响;处置不当,可能会造成突发事件的进一步恶化,甚至造成更大、更为恶劣的影响。因此,善后处置能力评估和衡量,是高校应急能力评估指标体系之中最为关键的一环,各个高校也应当重视善后处置能力的提高和建设,以提高应对突发事件的整体能力和水平。

② 恢复建设能力。面对突发事件造成的损失和伤害,相关各方不能无动于衷,视而不见,应当采取积极的措施,进行有效的恢复和还原,这就是危机处理能力之中所要求的恢复建设能力。恢复建设能力越高,对于突发事件所造成的损失和伤害也就恢复的越快,就能够在较短的时间内减少甚至消减突发事件带来的不利影响。

③ 形象重塑能力。在各个高校之间竞争日趋激烈的今天,高校良好形象的塑造和维护成为高校健康良性发展的关键所在。一所高校的发展前景,学生的招生就业形势,与高校的外在形象有着较大的关联。

实事求是地说,突发事件对于高校的形象必然会带来一定的负面影响,这些负面影响可能需要高校花费较大的人力物力来逐渐消解。突发事件发生之后,对于高校而言,就要考虑自己形象的再塑,这就是高校的形象重塑能力,也是衡量高校应急管理能力的指标之一。

3. 资源支持能力

各种资源是应对和处置突发事件的必要保障,没有一定的人力物力资源,应对和处置突发事件只能是纸上谈兵。突发事件的有效应对需要相配套的资源支持能力,这些能力水平的高低直接影响着事件的处理效果。资源支持能力的考核指标之下可以细化为人力资源支持能力、信息资源支持能力和物质储备支持能力等几个子指标。

(1) 人力资源支持能力

人力资源属于无形的资源，但又是最为重要的资源，没有人的参与和协调，再多的物质资源也难以发挥有效处置突发事件的预期效用。在资源支持能力的构成要素之中，人又是唯一能够发挥积极性、主动性和创造性的因素。因此，在一定程度上可以说，对于人力资源再怎么重视都不过分，毕竟，人是所有资源之中的关键所在。

① 常设应急机构。突发事件一个最大的特点就是其发展的不可预期性，留给处置的时间相对较少。这就要求各个高校重视常设应急机构的建设，加强常设应急机构的人员、物资配备，做到宁可千日不用，不可一日不备。只有这样，才有可能在突发事件发生之后迅速反应。

② 专家咨询团队。突发事件可能会有各种各样的类型，也可能会以我们意想不到的形式出现，任何一个人都不可能是全知全觉的全才，不可能熟悉每一种情况和形势，这就需要借助专家的力量。各个高校应当组建一支由各种学科、各种类型专家参与的专家咨询团队，在突发事件发生之后，能够迅速调动和发挥专家的力量，以专家的视角来分析和处置事件，必然会对突发事件的处置起着积极的作用。

③ 人员培训体系。高校突发事件应急管理机制既有作为决策制定者的校级领导，也有决策实施者的部门领导，更是有着大量的学校各个部门的众多员工和师生员工作为参与主体，这些人员在平时都有着各自的工作和专业领域，对于危机处置可能是非常的陌生，这就需要一套科学合理的人员培训体系，以定期对有可能参与突发事件处置的相关人员和师生员工进行培训，以提高危机意识和应对突发事件的能力和水平。

(2) 信息资源支持能力

信息是对于某一对象的描述或分析。由于当今信息渠道的多样化，在突发事件发生之后会出现各种各样的信息，而有效的、对突发事件处置有积极作用的信息就显得特别的重要。因此，突发事件的处置过程中，信息资源的支持能力需要发挥其应有的作用，它包括信息监测与分析和信息分享与预报。

① 信息监测与分析。突发事件的发生、发展过程中，各种信息不断出现，需要对这些信息进行有效监测和分析，以便从中筛选出有

效的信息和对事件有重要影响的信息，及时采取有效措施，利用这些信息。对于一些不真实的信息，要及时核实，公开发布澄清；对于社会比较关注的信息，要及时发布，以有效地减少公众可能产生的误解。

② 信息分享与预报。在对突发事件的处置过程中，参与的部门和人员比较多，每一个部门和人员都有着自己的观察、分析和见解，这也就意味着有着众多的信息来源，高校应当建构一个专门的信息处理平台，对搜集和上报的信息进行整理归纳，并发布到统一的平台之上，以便各个参与部门能够及时分享这些信息，为突发事件的处置提供信息支撑。同时，加强相关信息的预报，预先提示相应的信息和可能发生的事情，以便提高突发事件处置机构和参与人员的预见性和预先采取妥善措施。

（3）物质储备支持能力

人员是处置高校突发事件的关键，物质资源是高校处置突发事件的保障，不具备一定的物质储备和支援能力，处置突发事件将面临“无米下锅”的尴尬局面，制定的预案和配备的人员也难有大的作为。因此，加强物质储备支持能力的建设，成为高校危机处置机制的重要组成部分。作为衡量高校应急管理能力评估指标体系的重要内容，物质储备支持能力可以从以下几个方面进行具体评估：

① 应急物资储备。高校应当在平时就建设相应的应急物资储备仓库，并定期进行检查和充实。一旦发生突发事件，立即打开应急物资储备仓库，启用应急物资储备，及时有效地投放到突发事件的应对和处置过程中，这将会给突发事件的有效处置提供重要的物质保障。

② 医疗救助装备。突发事件当中一般都会有人员的伤害，这时如果等着专业救援机构和装备的到来可能会耽误最佳的抢救时机。因为，在有人员受到伤害时，每一秒钟对于伤者而言都非常的关键，甚至是关系到生死存亡的问题。在这种情况下，作为高校危机处置机制建设中的物质储备必然要包括相应的医疗救助装备，这些装备在有人员伤亡的情况下能够发挥重要作用。

③ 安全保护设施。在很多突发事件的处置过程中，有时会出现救人者需要被救的情况，究其原因，大都是因为突发事件参与处置者

的保护装备和设施不具备，在处置危机过程中自身受到伤害。为了避免事件之外造成不必要的人员伤亡和财产损失，必须加强安全保护设施的建设和安全保护装备的配备。只有救人者自身安全的情况下，才能谈得上去救别人和挽回财产损失；否则，不但没有救到别人，自身的安全也难以得到保证。

④ 应急资金保证。突发事件的处置既需要事先储备的物资，也需要临时购买一些物资和相关的服务，还可能需要其他的一些支出，这些都可能需要一定量的甚至是大量的资金。高校在应急机制的建构过程中，必须要有相应的应急资金储备，以便保证有足够的应急资金满足处置突发事件的需要，为事件的有效处置提供资金上的支持，这亦是物质储备支持能力考核指标的内容之一。

高校突发事件的应急管理能力指标体系建设是一个宏大的课题，涉及众多的学科和专业，这里的探讨只是对这一领域的一个新的尝试和开端，以后的路还很长，需要继续深入进行研究。从这个意义上而言，本次探索算是一个良好的开端，为以后的研究打下基础。

# 第三章 高校突发事件应急管理效能评价

## 一、高校突发事件应急管理效能评价概述

高校突发事件是事关社会、学校、家庭与学生切身利益的重大问题,特别是对于社会发展而言,由于大学生没有家庭限制,没有职业利益影响,在学生个性自主发展的氛围中,高校突发事件容易造成学生的过激反应,上升为社会问题,也自然成为理论研究的焦点。高校突发事件问题研究最初源自公共关系学学科的学校公共关系内容,卡特里普、森特等著名学者对美国高校存在的一些问题,如成本上升、公众要求增长、学生人数和政府支持下降、媒介报道少而肤浅、公众批评、财政危机"等内容进行探讨①。正式提出并大声疾呼高等教育危机的是美国学者库姆斯,他从宏观角度对 20 世纪 80 年代世界高等教育的危机进行研究,把"教育增长一定能促进经济增长"的心态视为主要的世界教育危机之一。美国几乎每个州有专门的学校突发事件管理机构,这些机构的职责就是进行突发事件管理研究,为本州的所有学校提供突发事件管理报告,制定并散发一些应对突发事件管理的手册,对师生进行明确具体的指导与培训等。② 由于高校突发事件具有"诱发因素多样性、突发性、扩散性、行为的过激性、后果的危害性以及消极影响的持久性"的特点③,不同国家高校都有相关的突发事件管理预案,但这些预案在是否经过集体讨论,是否科学合理,是否具有应急演练举措,实际推行的成效如何等方面,都存在一些疑问之处,这就使突发事件应急管理效能成为重要的现实问题,

---

① 刘刚.危机管理[M].北京:中国经济出版社,2004.

② 杨德才.高校生活园区突发事件应急管理研究[D].上海:华东师范大学,2009.

③ 杨新起.高校群体性突发事件的对策思考[J].社会主义研究,2006(5).

也自然成为理论研究的关注点。

国外在应急管理效能评价方面研究起步较早。在美国，1993 年第一个国际应急管理组织——国际应急管理协会（The International Emergency Management Society，TIEMS）创立。[①] 联邦紧急事务管理局（FEMA）和联邦紧急事务管理委员会（NEMA）联合开发了应急管理准备能力评估程序（CAR），该程序应用于美国全部 56 个州、地方和海岛，完成了应急能力准备状况评估工作。日本作为地震灾害高发的国家之一，对国民的防灾教育突出培养全民的危机意识、避险自救互助技能和心理应对能力，加强教育系统内应急管理效能评价。近几年，我国加大了基于自然灾害的评估系统研究，2002 年 7 月和 2003 年 12 月，河北理工大学会同中国地震局地球物理研究所、河北省社科院等单位，两次召开了"中国城市灾害应急管理能力研讨会"，邓云峰等学者介绍了美国、日本和我国台湾的灾害应急能力评估项目、评分准则以及评估流程等信息，并对美国、日本和我国台湾的灾害应急体系特点进行了比较[②]。不过，其他领域的应急管理效能评价研究替代不了高校应急管理效能评价的独特性，为进一步提升高校应急管理效能评价及其方案的制定，需要对高校应急管理效能以及应急管理效能评价有关概念进行再探讨。

（一）高校突发事件应急管理效能

1. 概念

"效能"是应急管理效能的上位概念，成为确定管理效能基本含义的前提。"效能"意指"事物所蕴藏的有利的作用"[③]，而英文"effectiveness"为"有效性或有效度等"[④]。据此，效能是系统地完成特定任务目标和达到预期结果的程度，充分利用可获得资源去实现目标即做正确事的能力和效益。管理效能就是通过管理手段，使某事物得到有利的发展，也就是说通过管理手段来发挥潜在影响和改变某些事物的能力。从其具体实施而言，是指管理部门在实现管理目

① 陈安，赵燕. 我国应急管理的进展与趋势[J]. 安全，2007(3).

② 邓云峰，郑双忠，刘铁民. 突发灾害应急能力评估及应急特点[J]. 中国安全生产科学技术，2005(5).

③ 现代汉语词典[M]. 北京：商务印书馆，2012.

④ 牛津现代高级英汉双解词典[M]. 牛津：牛津大学出版社，1985.

标过程中所显示的能力和所获得管理效率、效果、效益的综合反映，它是整个管理系统的活动能力与最终效益有机结合的尺度，是管理活动的中心和一切管理工作的出发点。

基于效能与管理效能的理解，高校管理效能即管理效率和质量，是高校管理人员和组织的精神风貌、工作作风、服务质量、管理水平、工作绩效、发展潜力的集中反映。① 对于高校突发事件应急管理而言，其效能则是能够高效有序地开展应急行动，力求在最短时间内使高校突发事件所造成的人员伤亡、财产损失和社会性破坏控制在最小范围内，保证校园生活能够稳定和谐地运行。它不仅仅体现在高校科学管理能力这个方面，还体现在针对突发事件应用先进的技术、特殊方法以及较为完善的法制体系等方面的能力，以及针对突发事件管理的能力和效益。

2. 基本特征

第一，情境应急性。高校突发事件具有不可预测、影响大、扩散性强等特征，一旦发生，就亟待及时处理。高等学校每一个突发事件都可能在学生中造成重大影响，这就需要及时快速地处理，控制事态的蔓延，最大限度地减少突发事件带来的损失，降低其影响。快速及时处理各类校园突发事件同突发事件本身的难以预见性密不可分，具有较强的情境性。同一类型的事件在不同的时间、地点对高校产生的影响不同，如学生在校外遭遇车祸与校内发生同类事件，学校处理的方式就会有不同，对学生产生的影响也随之变化。

第二，目标教育性。高校以教师与学生群体而存，学生是高校受教育的对象，也是教育的主体。人才培养是高校的中心工作，也是高校的首要职能，因而高校所有工作都具有教育的内涵与价值。高校突发事件也不例外，对于高校突发事件的处理及其处理效能，也要本着教育的取向，把管理与育人相结合，突出学校育人环境的营造。因而，对高校突发事件处理效能不能仅以时间快速性与急时性为首要标准。首先要看处理的结果是否使学生满意，是否把这一事件在学生中造成的不良影响降到最低限度。如有人身伤亡事故发生的突发性事件，在及时处理之后，还要采取有效措施对其他学生可能产生的

---

① 王秀成，方宏建. 论高校管理效能建设[J]. 中国行政管理，2005 (9).

心理阴影和心理创伤进行引导，使相关群体从该事件中走出来，恢复常态，达到正常的学习心理与生活情境。如果仅考虑个案，看似突发事件得到了处理，但学生对该事件的态度以及心理反应可能成为另一种突发事件的导火索。因而，突发事件处理本身要同育人有机结合起来，提高学生的价值认同与理解，调适突发事件同教师、学生与教育环境之间的关系，增强高校育人的氛围。

第三，功能社会性。高校是一个培养人才的重要场所，也具有社会服务的职能。由于其知识的多元性和教育目标的指向性，使得高校又是社会主义精神文明建设的重要窗口。学生利益涉及家庭利益群体，也涉及社区舆论生成与走向，因此，高校突发事件的发生具有较强的社会性，不是纯粹的高校环境，同时不同媒介的参与又增加了突发事件的复杂性，其社会影响的扩散性更强。高校所发生的每一个突发事件，都需要从维护稳定的大局出发，千方百计地防止事态扩大，保持高校安定和谐的局面。

（二）高校突发事件应急管理效能评价

1. 概念

评价是对系统达成目标的能力和效益或实施活动中发挥作用的有效程度的估量，其目的在于为构建一个能在管理过程中发挥最大管理效能的方案或者解决管理方案的优化问题提供参考，从而最大程度地发挥系统功能和效用。管理效能评价主要用于对管理效能的评析，使相关人员能够有效识别那些明显改善组织效能的管理活动，保证有限投入取得最佳回报。应急管理效能评价的一般定义是：以灾害应急管理系统为评价对象，以全面应急管理为指导，以科学的方法构建评价指标体系，建立评价模型，进行综合评价，找到问题和不足，不断进行完善和改进。① 应急管理效能评价可以针对某个机构的应急能力与效果，针对某类突发事件的应急能力与效果，还可以针对某个区域的应急能力与效果。

针对高校突发事件应急而言，管理效能评价涉及高校应急管理和突发事件处理两个方面。对于应急管理系统评价，就是通过建立

① 祁明亮，池宏，许保光，等. 突发公共事件应急管理[M]//2007—2008年管理科学与工程学科发展报告. 北京：中国科学技术出版社，2008.

科学合理的评价指标体系，运用可操作性的评价方法，定期进行单项评价或综合评价，明确应急管理系统存在的优点和缺点，为提高突发事件应急管理效能奠定基础。对于突发事件处理评价，就是借助科学合理的评价指标体系，对包括突发事件的处理程序、相关利益人以及综合效果进行估量，分析与判断突发事件处理程序的正当性与正确性，判断某个事件的处理效果，最终目的就是要通过应急管理效能评价指导和构建和谐稳定的高校生活与学习环境，减少和降低突发事件所造成的损失与社会影响。

2. 基本特征

高校突发事件应急管理与其他应急管理有相近的地方，但由于高校自身的育人环境与浓郁的文化氛围而有其自身的特殊性。对于高校突发事件应急管理效能的评价，无论其评价主体、评价对象、评价要素、评价方法以及结果等方面，表现出高校突发事件应急管理的自有特征。因而，对于高校应急管理效能评价特征分析既有普适性，也有自身的个性。

(1) 科学性

对于高校突发事件应急管理效能的评价，无论是指标体系的确定，还是不同指标权重设计，都需要有相关的理论支撑和方法根据。应急管理效能评价有其教育评价理论基础，其所采取的方法有相应的规范，并且在评价中借助修正机制，不断调整评价的指标权重，把公共的评价方案同个案有机结合，增强评价方案的适应性。并且在每一个具体的评价过程中，对评价要素与评价指标都力争做到细致认真，客观描述所测试的高校突发事件应急管理的实际情况，从而实现真正意义上的科学评价和客观评价。

(2) 可操作性

科学性是高校突发事件应急管理效能评价的前提要求，但在实际操作过程中，评价方案的原理设计可能会在具体的个案方面发生偏移，无法操作或者操作的程序过于复杂，难以在合适的时间内进行科学评价。如在二级指标基础上需要列出一系列参考点或者观测点，有些观测点定性描述过多，难以进行观测与评价，操作性不强。因而，要能够达到对应急管理效能的客观评价与有效评价，评价的程序与评价过程必须具有较强的操作性。这就需要在借鉴的基础上，结合不同类型高校的具体情况，针对不同的突发事件进行调整，使评价进程与评价方法适合评价对象与评价主体，确保该评价的可操作性。

(3) 规范性

“没有规矩不成方圆”，无论是指标体系构建的思路上，还是评价方法的选择上，高校突发事件应急管理效能评价指标体系都应当遵循规范性原则，以此确保评价在依据上合理，在程序上完备，在过程上严谨，在效果分析上科学。特别是高校应急管理效能评价设定依据要有明确的来源与授权，评价开展必须严格按照相关程序运行，确保评价的规范性。

(4) 一致性

高校突发事件应急管理效能评价是高校治理中的重要内容，它同高校的办学目标是一致的，是为了保障正常的教育教学秩序，提高人才培养质量，提高科学研究水平以及增强服务社会能力。高校突发事件尽管不同于常态出现的问题，但是非常态的学校工作内容，是高校管理中必须预测并加以管理的重要事项。对于这类事项的评价正是为了防止此类事件再次发生，以及再次发生此类事项时及时有效地处理，从而推进高校各项工作顺利进展，它同高校健康持续发展相辅相成。

(5) 特殊性

高校突发事件应急管理效能评价具有其自身的特殊性。这种特性同高校自身的学术与文化环境紧密相连，也就说是大学的学术文化与育人特质决定了高校应急管理必须同大学内涵相互关联。从评价对象来看，评价对象依存于高校的环境，在育人与文化的背景下，对于高校的对象评价，无论是物、财还是人的评价，都超出了一般意义上的人、财与物的效能评价，其效果如何必须同学校文化环境保持高度一致，用以营造良好的文化氛围与育人环境。从其评价手段来看，高校应急管理效能也需要相应的评价技术与评价方法，但其评价手段要顾及学生与教师的心理感受，要能够推动大学文化建设，促进高校教学科研有序开展。

(三) 管理效能评价的类型与方法

目前关于管理评价的方法比较多，主要分为定性和定量两种方法。定性评价法是借助对事物的经验及对发展规律的了解，科学地进行分析判断的一种方法。以管理效能评价为例，可以由管理人员、评价理论专家、其他利益相关者共同组成专家小组，借助访谈、观察等方法，针对管理制度、管理过程与管理效果等方面总体判断，然后根据评价结果进一步从观念、实践与技术层面提出措施和建议。定量评价法是依据评价量表，对所取得的相关数据资料，在数量统计方法的帮助下，通过构建数学模型的方式进行定量化评价的一种方法。管理学上常见的定量评价方法主要有数据包络分析法（DEA）、层次分析法（AHP）等。①

1. 数据包络分析法

DEA 是著名运筹学家 A. Charnes 和 W. W. Charnes 等学者以“相对效率评价”概念发展起来的一种新的系统分析方法。该方法适应于多输入多输出的复杂系统。

具体地说，DEA 是使用数学规划模型比较决策单元之间的相对效率，通过对输入和输出资料的综合分析，DEA 可以得到每个决策单元（DMU）相对综合效率的数量指标，对决策单元做出评估；确定有效的（即相对效率最高的）决策单元，并指出其他决策单元非有效的原因和程度。DEA 还能判断各决策单元的投入规模是否恰当，并给出各决策单元调整投入规模的正确方向和程度。

2. 层次分析法

美国运筹学家 A. L. Saaty 在 19 世纪 70 年代提出的层次分析法（AHP）是一种实用的多准则决策方法。它可以把一个复杂的问题表示为有序的递增层次结构，通过人们的判断对决策方案的优劣进行排序。层次分析法的基本原理是把研究的复杂问题看作一个大系统，通过对系统的多个因素的分析，划出各因素相互联系的有序层次；再请专家对每一层次的各因素进行客观的判断后，相应地给出重要性的定量表示；进而建立数学模型，计算出每一层次全部因素的相对重要性的权值，并加以排序；最后根据排序结果进行规划决策和选择解决问题的措施。

① 刘盛愚．常见的几种定量评价方法初探[J]．中国商界，2009(2)．

3. 模糊综合评价法

模糊综合评判法是美国控制论专家艾登(Eden)于1965年创立的。企业竞争力模糊评价的理论依据是:企业竞争力的评价具有模糊性。通常我们把竞争力强度分为很强、较强、一般和差四个等级,但很难界定每个等级的标准。这种等级的分类也只是人们主观意识的结果,分类本身就有“模糊性”。

我们在研究中或实际应用中,都要充分考虑到实际情况,根据各评价方法的特点,选取最优方法做出最优评价。

(四)高校突发事件应急管理效能评价类型

依据评价高校突发事件管理效能的指标不同,结合上文,我们可以把高校突发事件应急管理效能评价分为两种:定性评价与定量评价。其中定性评价包括组织领导评价和管理制度评价,而定量评价有运行机制的评价、经费投入评价以及教职工满意程度评价等。

1. 定性评价

(1)领导评价

高校突发事件应急管理效能得当与否,能否在突发事件的应急管理中起到积极的推动作用,首先要对相关领导基础能力进行评价,分析其是否拥有专业的应急管理知识和丰富的相关工作经验,这是作为应急管理工作相关领导的基本素质要求。再者就是对负责高校突发事件应急管理的相关领导决策指挥能力的评价。决策是应急工作进行的开始,是关系到能否正确解决突发事件应急管理的关键因素。

在处理应急突发应急管理效能评价时要具有适时适事处理突发事件的能力。首先,在突发事件应急发生之前,是否已经根据以往经验制定好相关的应急方案,应急管理部门能否灵活掌握使用尺度,使之适应新的形势变化。其次,在突发事件发生时,应急物资的控制情况,后勤各个相关部门的配合情况,是关乎应急物资能否用到实处,能否迅速及时到达现场,能否做到分配井然有序的又一关键。同时,应急管理中应急施救人员的调控和应急被施救人员的安排以及应急现场的调控情况,怎样把高校突发事件所产生的主要影响和隐形影响降到最低,是突发事件发生时应急管理效能评价的又一重要因素。最后就是在突发事件发生之后,相关领导组织事后的恢复能力。

相关领导在突发事件应急管理中能否掌握大局，将各种决策贯彻执行于突发事件发生之中及事后的每一环节，不但能够体现相关领导的能力，同时也能够很好地评价整个应急管理效能体系完善情况。

(2) 管理制度评价

管理制度评价是评价管理制度是否满足解决突发应急事件需求的重要尺度。它是通过管理制度制订，对制度的实施及其依据进行评价，从而判断高校突发事件应急管理能否有效的依据。

高校突发事件应急管理效能评价在制度层面，一方面应该保证应急管理人员的权责明确，各司其职，增加对突发事件应急管理的规范性；另一方面通过广泛的参与，保证突发事件应急管理的科学性与有效性，通过评价推动突发事件应急管理效能中管理制度不断合理化与高效化。制度合理性就是要求组织机构依据制度来开展突发事件应急的各项工作，保证处理突发事件应及时地授权充分和职责明确。制度的高效性是通过评价制度制定的程序、相关利益人的参与程度以及制度运用便捷性等，评判制度的价值与实际功用。特别是制度的参与性上，教职工及学生都拥有各自的权力，都有表达自己看法的话语权，只有建立在更广泛的讨论与参与的基础上，制度才能集中相关利益人的思想与智慧，提高制度执行的实施性。

当然，管理制度的评价工作，还应注重其监督和控制的有效性，把自主控制与外部控制有机结合，保证对高校突发事件应急管理时所出现的各种偏差能够得到及时的矫正，从而保障管理制度在和谐的校园内高效运行。

2. 定量评价

(1) 运行机制

运行机制的评价贯穿于突发事件应急管理的全过程。杨斌等① 认为：高校应急管理能力全过程包括三个阶段，即预防与准备阶段、处置阶段和恢复阶段，每个阶段的重心与任务不同，对应急管理能力的要求自然有别。因而，需要对不同阶段应急反应与处置能力评估，

---

① 杨斌，熊万玲，杜芳芳. 高校应急管理全过程能力评价指标体系构建研究[J]. 中国安全生产科学技术，2010(4).

这一评估本身是一种阶段性量化考核的方式，不仅有助于完善高校应急管理过程的各项任务职责与工作程序，而且有助于推进各阶段管理能力体系建设。

(2) 经费投入

高校财务部门应对突发事件的能力是指高校的财务部门能够拥有独立的应急财政程序，以支持应对突发事件在发生前、发生时、发生后所必需的资金。例如，高校突发事件应急管理中，救灾物资的需求、救灾人员费用、受损建筑的维修、相关利益者的损失补偿等。高校突发事件应急经费投入管理的财务部门对于采取应急措施中的财务支援是必不可少的。财务部门应有专门负责相关应急事件的人员，并赋予其相应的权力和责任，形成合理经费结构，如专项资金和援助资金配置。同时，该财务部门应参与到应急管理工作中，对于资金和物资方面投入状况应提供准确有效的信息，确保经费的投入在突发事件应急管理工作中的发挥有效的作用。

(3) 教职员工满意度

教职员工的满意程度的评价，是高校应急突发事件管理效能的重要指标之一。同时也关系到高校在对突发事件进行应急管理时能否有效、顺利开展的重要环节。有时把满意度评价放入定性评价范畴，但如果通过量化测评的方式对教职工进行满意度测评则可以归入量化考核范畴。也就是说，针对高校教职员工满意度的评价可以通过调查问卷的形式，从总体众数上判断管理人员的作为在教职员工当中的满意程度，这是最为直接且有效的评价方式。

## 二、高校突发事件应急管理效能评价指标体系

### (一) 评价指标体系探索

1. 国内有关研究

王文娟[①]在分析前人研究成果的基础上，依据政府管理突发公共卫生事件的功能体系和危机处理实质，将应急能力分为基本保障

---

① 王文娟. 突发公共卫生事件政府应急能力指标体系研究[D]. 大连：大连理工大学，2006.

能力(资源获取)、危机处理能力(资源运用)和善后处理能力(总结分析)3 个一级指标、15 个二级指标和 68 个三级指标。王湛[①]在借鉴以往学者研究成果的基础之上,遵循相关指标选取的基本原则,构建了我国应急综合能力评价指标体系。把该指标体系分为 4 个层次:最高层,总目标——我国应急综合能力;第二层,分目标——应急硬件能力、应急软件能力、应急“整合”能力。应急硬件能力主要涉及应急机构、相关建筑、技术设备、基础设施等实物结构建设的能力。应急软件能力则更多地涉及应急预测、决策、计划、组织、控制、评价等管理方法、程序。另外一些能力往往需将“硬件”能力和“软件”能力有机结合起来,是为应急“整合”能力。第三层,指标层——如应急硬件能力包括“通讯和预警”“后勤装备”等指标。应急软件能力包括“法律和权力”“计划”“运作方法体系”等指标。应急整合能力包括“灾害识别和风险评估”“灾害风险减缓和管理”“资源管理”等指标。第四层,因素层。田依林、杨青[②],以系统论为理论依据,在提出了建构应急能力评价指标体系的系统性、科学性、可操作性等原则的基础上,应用专家估测法集成专家的智慧,筛选出了科学的符合客观实际的指标,设置了指标集,应用层次分析法和模糊数学集成方法建构了突发事件应急能力评价指标体系。罗慧、崔立新[③]根据对应急管理的流程以及应急管理各个阶段的质量要求的分析,把应急管理的质量评价指标体系结构确定为多级指标形式,并对指标体系的各项指标进行了初步确定。其二级指标“评价阶段”为 5 项,三级指标“评价项目”基本项为 25 项。张永领[④]以应急管理阶段为基础建立了突发事件应急能力的评估指标体系,包括突发事件应急准备、突发事件应对以及灾后重建 3 个一级指标系统和 11 个二级指标系统。

---

① 王湛. 突发公共事件应急管理过程及能力评价研究[D]. 武汉:武汉理工大学,2008.

② 田依林,杨青. 突发事件应急能力评价指标体系建模研究[J]. 应用基础与工程科学学报,2008(2).

③ 冯立杰,罗慧,崔立新. 突发公共事件应急管理质量评价体系研究[J]. 北京理工大学学报,2008(4).

④ 张永领. 基于应急管理阶段的应急能力评价指标体系研究[J]. 工业安全与环保,2010(9).

杨瑾[①]通过采用校正—补偿评价法和基于专家群评价的模糊综合评价方法构建了一套高校应急管理执行能力评价体系，并用实例说明其操作方法并证明该方法可以量化评估能力。刘伟[②]根据对高校应急管理能力及其内容结构的研究，把高校应急管理能力的管理职能维度的分析与能力要素的分析融入管理过程维度的四个过程之中，尽可能全面地分析高校应急管理能力的各项要素，设计了初步的评价指标体系为预防能力的指标、应急处置能力的指标和恢复学习能力的指标。然后在访谈、调查的基础上对指标体系进行修订。修订之后又添加了学习能力的指标，与上述的三个指标并列为一级指标，把管理职能与能力要素糅合到过程维度的分析之中，综合得到高校应急管理 4 个过程、12 个环节的 30 个指标体系，利用层次分析评价方法，量化分析评价高校应急管理能力。杨斌、熊万玲、杜芳芳[③]在借鉴了国内外有关高校突发事件应急管理能力的研究成果的基础上，基于全过程理念，将高校应急管理过程分为事前预防与准备、事中处置和事后恢复三个阶段。因此高校应急管理能力应包括预防与准备能力、处置能力和恢复能力，从而构建出高校应急管理全过程能力的综合评价指标体系。该体系包括 3 个一级指标，10 个二级指标和 33 个三级指标。于艳玲[④]通过对评价指标的选择流程、评价指标的类型和评价指标选择的原则的梳理和研究，并且经过函询专家以及参照专家们的建议，将指标进行调整后，确定了一个包括 4 个一级指标，12 个二级指标，34 个三级指标的高校应急管理指标体系。4 个一级指标分别为“预防能力”“应急处置能力”“恢复能力”和“学校能力”。每个一级指标又细分为若干个二级指标和三级指标，形成一个包含三级指标结构的指标体系。陈伟珂、张力英[⑤]应用霍尔三维

---

① 杨瑾.高校突发事件应急管理执行能力的评价[J].科技与管理，2008 (3).

② 刘伟.高校应急管理能力研究[D].徐州：中国矿业大学，2009.

③ 杨斌，熊万玲，杜芳芳.高校应急管理全过程能力评价指标体系构建研究[J].中国安全生产科学技术，2010(8).

④ 于艳玲.高等院校应急管理体系的理论研究与实证分析[D].武汉：武汉理工大学，2010.

⑤ 陈伟珂.高校突发公共事件应急管理能力评价研究[J].中国安全生产科学技术，2011(11).

结构，对时间维、逻辑维和知识维三个维度进行综合分析，利用指标体系构建的各种方法和工具建立了从应急管理全过程出发，遵循指标体系构建的过程，全面反映高校应急管理能力水平的评价指标体系。应用G1法对应急管理能力的各评价指标进行赋权，确定各指标的权重。最后选取了事前预防、事中控制和事后恢复3个没有重复内容的指标构建由目标层、准则层和指标层3个层次组成的评价指标体系。穆春娟①以全生命周期理论为指导，建立了高校突发事件全应急管理模型。周笑朵②依据危机管理的四阶段理论，把高校危机管理能力评价指标体系构建为4个部分：高校危机预防管理能力评价指标子系统、高校危机战备管理能力评价指标子系统、高校危机应急管理能力评价指标子系统、高校危机复原管理能力评价指标子系统，并细分为14个一级指标和48个二级指标。刘庆华、李巍巍和吴冲③在分析高校突发事件应急能力评价核心要素的基础上，根据突发公共事件处置过程中信息不完备的特征，运用SMART原则，从预防与准备能力、处置能力、恢复能力3个一级指标和与之相关的10个二级指标以及32个三级指标来构建高校应急管理能力综合评价指标体系，并将粗糙集与灰色关联分析法结合起来对高校应急管理能力进行综合评价。

从以上文献可以看出，目前我国学者对突发事件应急管理能力评价体系的研究多集中在：应急能力评价指标体系（王文娟）、应急综合能力评价指标体系（王湛）、应急管理的质量评价指标体系（罗慧等）、突发事件应急能力的评估指标体系（张永领）、高校应急管理执行能力的评价指标体系（杨瑾）、高校应急管理能力的评价指标体系（杨斌等）、高校应急管理的评价指标体系（于艳玲）、高校应急管理能力水平的评价指标体系（陈伟珂等）、高校危机管理能力评价指标体系（周笑朵）、高校应急管理能力综合评价指标体系（刘庆华）等。目前已有的研究成果零星、分散，尚不成系统，相关文献往往只是从个

① 穆春娟，衡阳，白燕．基于生命周期的高校突发事件应急信息管理研究[J]．出国与就业（就业版），2011(6)．

② 周笑朵．高校危机管理能力评价指标体系的构建[D]．成都：电子科技大学，2010．

③ 刘庆华，李巍巍，吴冲．高校突发事件应急管理能力研究[J]．扬州大学学报（高教研究版），2012(2)．

别角度、就个别方面提出了若干较粗略的指标，难以形成一个理论上的研究基础，故而实务操作性亦不强，并且没有关于高校突发事件管理效能评价评价指标体系的研究。不同学者对高校应急管理能力评价指标体系的构建做了一定的探索，对于提出本研究的评价指标体系提供了有益的借鉴。不过，上述探讨对于指标体系构建的逻辑过程，并没有提出统一的评价体系与评价方法。

2. 国外相关研究

在实施应急能力评价体系方面，美国是做得最早，也是最成功的国家之一。联邦紧急事务管理局(FEMA)和联邦紧急事务管理委员会(NEMA)联合开发了应急管理准备能力评估程序(Capability Assessment for Readiness，CAR)。1997～2000 年，美国全部 56 个州、地方和海岛都应用该程序完成了应急能力准备状况评估工作。该评估着重于应急管理工作中的 13 项管理职能、56 个要素、209 个属性和 1014 个指标，构成了政府、企业、社区、家庭联动的灾害应急能力系统。其中 13 项管理职能分别为：法律与职权、灾害鉴定和风险评估、灾害管理、物资管理、计划、指挥控制协调、通信和预警、行动程序、后勤装备、训练、演习、公众教育信息、财政管理。美国学校的应急管理方式并不是孤立的，而是与政府的危机管理体制有着密切联系，从属于政府应急管理体制，在内容和功能上有所延续性和特殊性。学校成为 FEMA 危机管理体系中的一个重要部分，各州的教育部门与 FEMA 合作制定了相应的应对危机的方案。美国教育部在美国国土安全部 DHS(Department of Homeland Security)建立的一套五级国家威胁预警系统的基础上，根据红、橙、黄、绿、蓝的五色警戒级别，制定了学校所采取的相应行动方案。日本于 2002 年的 10 月和 12 月，由消防厅消防课、防灾与情报研究所举办了“地方公共团体之地域防灾能力及危机管理对应力评估检讨会”，设定了地方公共团体防灾能力的评价项目，讨论日本防灾能力及危机管理应急能力评估问题。① 评价项目主要包括：危机的掌握与评估、减轻危险的对策、整顿体制、情报联络体系、器材与储备粮食的管理、应急反应与灾

① 赵玲，唐敏康．城市灾害应急能力评价指标体系的研究[J]．职业卫生与应急救援，2008(2)．

后重建计划、居民间的情报流通和教育与训练以及应急水平的维持与提升。根据以上每一个项目设定具体问题进行评分。在回答时，对于是否实施方面，在有或无之间选择其一；对于实施程度方面，应尽可能利用数字来进行客观的评估判断。地方公共团体在客观地评估自己的防灾与危机管理体制后，参考其结果，制定方针，进而评估地区的防灾与危机管理对应能力。在制定评估地区性防灾能力计划方面，其主要项目也分为九种：评估掌握危险、减轻危险、体制配备、信息联络体制、建筑机械材料以及紧急储金之确保及管理、工作计划制定、居民共享信息、教育训练和重新评估。根据这些项目再往下细分，然后设置问题。日本作为地震灾害高发的国家之一，对国民的防灾教育突出培养全民的危机意识、避险自救互助技能和心理应对能力。全面系统的防灾能力的培训使民众在面对突发性灾害时能从容应对、理性思考做出抉择，从而最大限度地减轻灾害损失。澳大利政府不仅设立了全国灾害管理学院，培养专业的危机管理人才，而且向普通民众普及灾害防范知识，例如向居民邮寄反恐资料等。

从上述文献可以看出，国外在应急管理能力评价体系的实践方面已积累了比较丰富的经验。由于我国进行应急管理能力评价体系研究的时间比较短，理论研究尚处于探索阶段，具体评价指标和评价标准的确立方法还不太成熟，也没有形成稳定统一的评价模型。

综上所述，可以看到无论国外还是国内在构建高校突发事件应急管理效能评价指标体系的研究方面，相关的文献资料都比较少，可以说在这方面的研究工作还比较薄弱。因此探讨构建高校突发事件应急管理效能评价指标体系的研究非常有意义。

（二）评价指标体系构建

通过研究借鉴以往学者的观点，本研究拟从组织领导、管理制度、运行机制、经费投入、教职工满意度 5 个一级指标和与之相关的 20 个二级指标来构建高校突发事件应急管理效能评价指标体系。

1. 组织领导

高校突发事件管理效能评价，其核心是组织领导队伍的建设。组织领导队伍的建设是高校突发事件管理效能评价的重要内容，是高校实现有效顺利地开展工作的组织保障。高校突发事件管理效能评价，组织领导主要由学校的行政、教学及后勤服务部门 3 个二级指标组成，具体可包括安全保卫组、抢险应急组、教学管理组、学生管理组、检查监督组以及后勤保障组等 6 个三级指标。

就学校的行政领导而言，可设立学校领导小组，由分管校长担任组长，负责突发事件应急管理的全面工作。就学校的教学管理而言，可由教务处领导任组长，全面负责发生突发事件时的日常教学管理工作。就后勤领导而言，可由后勤处长或财务处长担任组长，负责事故处理的资金及技术保障，定期检查、检修校舍建筑、消防器材、水电设备、教学设施、实验设备等各种预防措施；配备校内 110 巡逻车、救护车等应急设备设施；编写突发事件应急处理指南、突发事件应对手册、危机事件处理流程等工作资料。①

就学校的行政领导组而言，又可分为安全保卫领导组和抢险应急工作组，负责事件现场及事后安全维护工作，负责定期组织师生的突发事件模拟训练工作，负责各类型突发事件的技术支持。就学校的教学管理组而言，可具体分为教学工作组和学生管理工作组，负责突发事件发生时的具体教学事物的安排，负责突发事件发生时或发生后的协助、安全、维护工作。就学校的后勤领导组而言，可具体分为检查监督领导组和后勤保障领导组，负责检查监督各领导部门的工作落实情况，负责物资保障和人力保障。物资保障是对高校突发事件提供具体的物质帮助和资金帮助，物资保障的优化配置是保证高校应急处置工作正常开展的条件，满足学校师生基本的生活需要和适应恢复重建学校教育教学与生活秩序的保障措施。②

2. 管理制度

高校突发事件管理效能评价，管理制度是根本。要紧紧抓住管理制度建设这个具有根本性、全局性、长期性的重要环节，着力逐步构建既能立足当前，又能着眼长远，保证工作不断推进的整体管理制度。管理制度具体包括舆论导向制度、依法治校制度、特殊群体摸排制度、建立良好的资金管理和监督制度、应急管理人员管理和培养制度 5 个二级指标。

---

① 陈昕. 管理学视角下的高校学生突发事件管理体系构建[J]. 高等教育研究，2003(11).

② 周定平. 突发事件应对的物资保障分析[J]. 中国安全科学学报，2008(3).

就舆论导向制度而言，涉及突发事件伊始，由于师生们一时不了解真相，容易以讹传讹，引起心理上的恐慌。这时，学校就应该及时、公开、透明地予以披露，降低师生获取信息的成本，及时调整师生的情绪。今天，世界已经进入全球化和信息化时代，学校对信息来源渠道的控制日益减弱，如果还是采取过去“外松内紧”的宣传策略，容易使学校工作陷于被动。因此，在建立良好的信息披露制度的同时，需要加强舆情的管理，坚持正确的舆论导向，并创建网络舆情的联动应急机制，充分发挥互联网等现代信息传媒的作用，做好网络舆情的监测、预警、应对和后处理等工作。

就以法治校制度而言，涉及法律法规是维护高校稳定的规范性文件，因此，增强高校师生的法律意识和法制观念，把学校各项工作纳入法制轨道，全面推进以法治校，在学校中形成学法、知法、守法、用法、护法的良好风气，对于维护高校稳定具有积极意义。认真组织师生学习《普通高等学校学生管理规定》、《学生伤害事故处理办法》等规章制度，并制定符合各高校实际的相关实施细则，进一步建立健全学生申诉制度、学籍管理制度、奖学金评定制度、学生宿舍管理制度、学生学习情况告知和送达制度等。

就特殊群体摸排制度而言，涉及对学业困难学生、轻度心理疾病学生、就业困难学生、网络成瘾学生、受处分学生、休学在家的学生、家庭遭遇重大变故学生、留学生、港澳台学生以及少数民族学生10类“特殊群体”全面盘查摸底，建立动态的情况跟踪机制，通过对该部分学生的特别关注。真正做到将关心工作、沟通工作覆盖到全体学生，建立突发事件管理工作预案，力争掌握学生突发事件管理工作的主动权。①

就建立良好的资金管理和监督制度而言，涉及良好的资金管理，包括建立公共财政应对机制、金融机构（银行）的应对机制、巨灾保险体系以及应急捐赠等方面。建立公共财政的预警、处置以及善后处理机制，确保突发事件发生的情况下有充足的财力资源保障。② 建

① 孔德民．高校学生突发事件应急管理机制研究[J]．世纪桥，2008(10)．

② 刘尚亮，沈惠璋，李峰，张聪．我国突发事件应急管理体系构建研究[J]．科技管理研究，2010(19)．

立和完善应急捐赠的相关管理体系，严格控制捐赠的筹划、分配、发放以及监督，形成一套适用的高校突发事件管理办法。同时要加强应急资金的监督工作，发挥应急资金使用的最大功效，有利于进一步完善应急管理体系，为以后突发事件的成功处置奠定基础。

就应急管理人员管理和培养制度而言，涉及训练有素的专业化应急管理人才队伍，对于快速有效地处理突发事件具有重要的作用。不同层次的应急管理专业人才的培养是应急管理体系的重要组成部分。[①] 具体包括：高级决策型人才：具备对宏观事态全面把握能力，对事态发展有超常的预测能力，且心理素质稳定，在突发事件发展的不同阶段做出相应决策的能力；执行指挥型人才：具有很强的协同和贯彻能力，能够根据事态发展迅速制定出可操作性强的行动计划；具体操作型人才：行动的实施人员，具有快速反应能力、协同能力和整合现场资源的能力，该类型人才多为专业的搜索与救援人员；信息技术型人才，负责快速、及时、准确地收集信息，并不断更新和反馈信息；专业的心理救助人才，对突发事件中的各类人群进行日常的心理教育、灾难心理干预、灾后心理辅导与治疗等相关工作。

3. 运行机制

高校突发事件管理效能评价，运行机制是其评价指标体系的核心内容之一。高校应急管理的对象是高校突发事件，其最终目的是要建设形成和谐安全的高校校园环境，使师生安全和正常的教学科研活动得到有效保障。虽然高校突发事件不可避免，但是通过平时的预防管理工作，减少高校突发事件的数量或减轻高校突发事件的危害，是高校应急管理的重要内容，也是主动应对高校突发事件的重要手段。运行机制具体包括预防预警机制、应急处置机制、评估恢复机制等 3 个二级指标。

就预防预警机制而言，主要是率先警告、提醒被告人的注意和警惕。预警是信息监测的目标之一，是信息预报结果的一种反映形式。突发事件预警是建立在某种合理预期基础之上的前瞻性的主动行

① 刘尚亮，沈惠璋，李峰，等. 我国突发事件应急管理体系构建研究[J]. 科技管理研究，2010(19).

为,而不是被动的、反应性的行动。① 高校突发事件预防预警机制主要有三大功能:通过事发之前的预警教育,强化师生防范意识,提升应对技能,保证事发时能快速做出反应;通过事发之前的预案控制,强化应急管理能力,保证事发时能科学应对;通过事发之初的应急警报,第一时间激活应急处置机制,保证事发时能及时处置。因此,科学完善的高校突发事件预防预警机制应包括应急警报告、教育培训、应急预案的构建等三个三级指标。科学完善的预防预警机制的构建,可对突发事件事先做出预测,并提前做好应急防范及应对准备,以最大限度减少因事件突发给学校及师生员工带来的危害及损失。

就应急处置机制而言,涉及突发事件处置是整个突发事件管理系统中的一部分,它是指管理系统未能发挥预防的功能致使突发事件爆发时所采取的处置方式。② 危机突现,贵在应对。高校突发事件发生的不确定性和突发性等特点,决定了高校突发事件存在多数无法准确预测的可能。因此,完全预防是不可能的。为此,高校突发事件发生后的应急处置显得尤为重要。从这个意义上讲,应急处置是高校突发事件应急管理的核心。科学高效的应急处置机制的构建,可对突发事件做出及时、快速的反应,并使之得到科学、高效的处置,亦能最大限度减少突发事件给学校及师生员工带来的危害及损失。一般而言,科学高效的应急处置机制应包括快速反应、及时处理、双向沟通构建等 3 个三级指标。

就评估恢复机制而言,涉及突发事件过后的恢复工作。评估恢复系统是指高校在突发事件处置结束之后,就应急预防预警及应急处置工作,实施绩效评估、经验总结、责任追究、心理疏导、思想教育、形象重塑等一系列工作机制。其目的是通过突发事件应急处置过程的经验归纳和教训总结,汲取有益经验,摒弃失当措施,弥补事件损失,进而维护校园和谐稳定及提升学校整体形象。一般而言,科学高效的高校突发事件评估恢复机制包括善后处置、形象重塑的构建等 2 个三级指标。

---

① 赵语慧.公共危机管理中的非政府组织参与研究[D].郑州:郑州大学,2006.

② 姜飞燕,刘淑华,杨宏.关于高校应对突发事件的法律思考[J].教育与职业,2010(21).

4. 经费投入

高校突发事件管理效能评价,经费投入是衡量其指标体系建构合理与否的指标之一。探索高校应急管理经费投入的多元模式,是最终解决高校应急管理能力提升的瓶颈问题的关键。随着高校应急管理能力的不断提升,必将遇到投入不足的阻碍。为有效提升高校应急管理能力,多元化的经费投入模式是必须建立的。经费投入的方式具体可包括高校自身投入的经费、政府专项投入的经费、社会投入的经费、个人基金的捐赠、企业投入的经费等5个二级指标。

就高校自身投入的经费而言,涉及高校是突发事件应急管理投入的主要承担者。高校应急管理的投入模式是指对高校的突发事件应急管理进行投入的主体和方式。① 一般看来,既然高校就是高校应急管理的主要执行者,高校应急管理的投入理应由高校承担。但是,高校应急管理的基本特征决定,无论政府或社会对高校施加多大的压力,高校自身的力量是有限的,无法独自完成对高校突发事件应急管理的投入。

就政府投入的经费而言,涉及政府投入是用于帮助高校应急管理建设的,因为仅仅依靠高校自身的建设是不现实的,所以应由政府设立专项投入的经费用于帮助高校进行高校应急管理效能的投入。

就社会投入的经费而言,涉及社会资金的筹集。方式比较可行的主要有贷款、基金项目资助等。由于高校突发事件应急管理具有不直接营利性,因此对于银行贷款有较大难度,但是可以通过政府及相关组织的帮助申请专项的低息或免息贷款,用于高校的突发事件应急管理的经费投入。基金项目的资助是较为可行的方案之一。关键是要根据各个基金组织的要求,合理制定高校应急管理投入的项目。如,就社会普遍关注的大学生生活条件问题,设置大学生饮水或消防项目,申请基金组织的专项资助。由于我国整体国力水平的限制,目前相关的基金组织还不十分健全,将来会有越来越多的公共组织给高校的融资工作带来希望。

就个人基金的捐赠,涉及高校应主动或专门对外公布需要解决的高校公共管理项目,寻求社会或个人捐赠。这样的渠道也受到相

① 刘伟.高校应急管理能力研究[D].徐州:中国矿业大学,2009.

关基金组织缺乏的限制。随着社会与个人慈善捐赠基金越来越多，规模越来越大，高校应设立专门的项目，如大学生心理救助项目等，寻求基金帮助。

就企业投入的经费而言，涉及高校与企业联合进行专门的应急管理项目合作。从西方发达国家的发展趋势看，社会办学逐渐超过国家办学，尤其是企业办学更引人注目。美国国家办学占 24%，社会学术团体办学占 20%，私人办学占 6%，而工矿企业办学则占 50%。日本一方面积极倡导和鼓励民间团体、个人捐款或捐资于教育；另一方面采取法规手段硬性规定企业、产业部门承担教育经费，以保证教育资产有稳定可靠的来源。高校寻求社会资金的帮助，是我国教育事业未来发展的重要途径。

5. 教职工满意度

高校突发事件管理效能评价，最根本的是使教职工对学校领导集体在突发事件管理方面表现出满意的结果。而教职工的满意是一个整体评价的过程，涉及对决策群体的满意度、对预案的满意度、对突发事件处理的满意度、对和谐校园的满意度等二级指标。

就决策群体的满意度而言，涉及教职工对领导集体有关高校突发事件的态度以及所做出的有关决策。高校突发事件同其他社会性突发事件一样，随着网络媒体介入以及个人权益的彰显，会受到外界的强烈关注，并且由于高校特殊的文化环境，在某些方面的影响力远超出其他群体的社会影响力。如师生不正当关系问题，这一事件如果受到外界关注就会成为高校公共危机事件，在社会舆论的影响下转向突发事件。相反，一个普通公民或者企业职工就很难成为一个突发事件，这与教师的师德为先的特殊要求有关。因而，高校领导群体要能够正确认识到传统事件的严重性，认识到新形势下问题的多元性，科学分析高校环境与高校群体所发生事件的重要性程度，明确传统问题以及新生问题产生突发事件的可能性，严肃对待涉及高校发展、基本建设、教职工发展与学生发展、高校与社会关系等重大问题，形成高满意度的工作方式。

就工作预案的满意度而言，涉及教职工对领导集体有关处理突发事件的工作预案设定与工作预案科学性评价。积极应对突发事件是社会公共管理的重要内容，也是高校管理者必须面对的重要课题。

本着凡事预则立，不预则废的观点，高校突发事件管理也强调工作预案。工作预案只是高校应对突发事件问题性质以及相应问题的处理程序，但是不同问题其性质不同处理的具体程序会有所不同，这就使工作预案的科学性问题尤其重要。比如处理火灾事件与处理学生事件差异很大，前者以报警与积极组织扑救为重要程序，把财产安全放在第一位，而后者则以120救护以及及时通知学生家长为重要程序，切实把学生安全放在第一位。因而在处理不同性质的突发事件中，程序设置应以注重科学性为前提。

就突发事件处理的满意度而言，涉及教职工对学校有关突发事件处理的过程合理性、后果最小化以及群体满意度评价问题。工作预案的科学性代替不了事件处理过程的合理性，事件的处理过程是人为的程序，相关人员是否能保持联系畅通，是否能及时到达现场，是否能按程序处理以及灵活机智地应对，影响到处理过程的合理性问题。如果不能够及时处置与科学应对，就难免会使突发事件产生意想不到的后果，使本应该后果最小的目标无法实现。如火灾的损害程度、人员伤亡的数量及伤残程序等，都会给教职工带来不同的整体满意度。

就和谐校园的满意度而言，主要是指在各级各类突发事件发生与及时处理以后，教职工所感受到的校园安全感与和谐度。对于高校而言，随着规模不断扩大，学校的各级各类突发事件增多，有的属于严重的突发事件，有的属于中度突发事件，而有的则属于轻度突发事件，不同类型的突发事件都有知晓的群体，并且在人际交往过程中相继扩散，成为大范围的公共事件，各种突发事件的舆论汇集成为教职工判断校园文明程度与安全氛围的重要方面。因而，单一事件不是作为个案发生，而是成为校园和谐的重要一环。校园和谐感受的满意度问题成为评价突发事件管理效能的最后标志。

## 三、高校突发事件应急管理效能的评价方案及程序

### （一）评价方案

#### 1. 指导思想

评价的指导思想中，评价者的价值取向至关重要。高校突发事

件应急管理效能的评价价值取向是一定时期人们在评价突发事件发生前，高校所制定的应急预案；突发事件发生时，高校在紧急情况下做出的各项应急措施；以及突发事件发生后，高校采取的各项善后工作所持的基本价值判断标准和原则性要求，也就是人们采用什么样的道德标准、从哪些角度来评价政府及高校管理层受托责任的履行情况。价值取向是评价高校突发事件应急管理效能的核心，对高校在突发事件未发生时制定应急预案、发生时应急处理和发生后的各项评估及完善应急预案具有导向作用。要建立健全高校突发事件应急管理体系，首先要确立正确的价值取向，有了正确的导向，体系才能更加完善，才能不背离和谐高校的原则。

价值取向是评价指标的灵魂之所在，它在评价指标体系的确立和完善中起着基础性的作用，并见证着评价指标体系的改革和变迁。① 首先，指标体系是价值取向的具体细化和外在表现，是具体落实价值取向的精神，把价值取向的总体指导思想以量化的形式表现出来，价值取向制约评价指标体系的内容，有什么样的价值取向就有什么样的指标作为支撑。其次，价值取向是指标设计判断的标准，在具体的评价指标上，需要价值取向作为前提。要有一个正确的方向就必须有正确的指导思想作为支撑。根据价值取向的内涵和要求，判断指标设计是否合理，是否有利于突发事件的应急处理，将损失降低到最小。反过来，能否正确地反映价值取向的内涵和要求以及是否能够跟上价值取向改革更新的步伐是判断评价指标是否科学、合理的一个重要标准。最后，价值取向影响和制约着改革的发展方向。社会的进步需要先进的思想作为支撑，先进的思想促进社会各方面的发展，社会改革思想不断地进步和发展，决定了评价价值取向也需要随着社会改革步伐的发展而发展。评价的指标体系不是制定后一成不变的，而是随着社会人性化程度的不断提高，在突发事件尤其是涉及高校学生利益的突发事件发生后，评价的内容决定了突发事件应急预案完善的方向，评价指标内容的改革和发展也需要随着评价的价值取向的发展而发展。例如，大学生正处于情绪容易被调动的

---

① 刘笑霞.论我国政府绩效评价的价值取向[J].北京理工大学学报(社会科学版)，2011(6).

时期，各种突发事件对这个情绪不稳定的集体都会造成巨大的波动，突发事件造成的身体伤害的影响的评估已经成为固定的评估内容，而创伤后的心理评估随着社会人性化发展程度的提高，也成为高校评价的价值取向的另一个重要的方面。所以，评价指标就不能简单地定位在人身伤害方面，评价指标的体系内容需要转型与改革。

2. 评价原则

1951 年，罗杰斯《以患者为中心》的发表在心理学界掀起了人本主义的新浪潮，他在书中所阐述的让人领悟自己的本性，不再倚重外来的价值观念，让人重新信赖、依靠机体估价过程来处理经验，消除外界环境通过内化而强加给自己的价值观，让人可以自由表达自己的思想和感情，良性的健康发展的思想，给我们在高校突发事件处理的问题上提供了一定的标准和依据。

以人为本，实现好、维护好、发展好最广大人民的根本利益，是我们党和国家一切工作的出发点和落脚点，也是突发事件应急管理的第一要义。《国家突发公共事件总体应急预案》在谈到“以人为本，减少伤害”的原则时强调，“把保障公众健康和生命财产安全作为首要任务，最大程度地减少突发事件公共事件及其造成的人员伤亡和伤害”。在天津大学突发事件应急预案对社会突发事件的处置原则中提到“统一指挥，分工负责；快速反应，果断处置；有效控制，校内解决；教育疏导，化解矛盾；重点监控，依法处置”。这充分体现了党和政府以人民的生命安全作为价值取向的价值定位。①

坚持以人为本的原则。首先，学校要把实现和维护好师生的根本利益作为评价突发事件应急管理工作成效的最高标准，尤其是突发事件发生时，危及师生人身安全的紧要关头，学校应调动一切可以利用的资源，全力以赴抢救伤员，将危害降至最低。其次，学校还要在应急管理中积极倾听师生的意见。无论是常态管理还是非常态管理，都涉及师生的切身利益，“师生利益无小事”。“以生为本，以师为先”的理念是“以人为本”在高校突发事件管理评价的具体发展，把师生的满意作为“第一标准”，这样才能在对应急管理的工作中，赢得师生对应急管理工作的理解支持。最后，学校在应急管理中充分地调

---

① 丁烈云，杨新起．校园突发事件应急管理[M]．武汉：华中师范大学出版社，2009．

动师生的积极性。应急事件的管理并不只是管理层面的工作,更多的是一项群众工作。凡群众工作要坚持以人为本的原则,尊重群众的首创精神,善于集中群众的智慧。因此学生和老师是高校应急事件管理的主体,积极发挥师生主体地位的作用,调动积极性才能最大限度地减低突发事件的损害,在预防和处置以及评价突发事件中形成一股巨大的力量。

高校突发事件应急管理的评价是贯穿于突发事件发生前、发生时、发生后的全过程的评价。“以人为本”是贯穿于整个评价过程中的最基本原则。

(1) 科学性原则

在高校突发事件应急处理中,科学性是一个重要的因素。如果在突发事件发生时,应急处理没有按照科学发展观的要求,处理不妥当,缺乏科学性,那么损失便会加重。科学性原则包含两方面的含义:一方面是评价需要按照科学发展观的指导要求,坚持以人为本为基本指导思想;另一方面是评价需要考察在突发事件发生的全过程中应急处理是否有一定的科学作为支撑。

一方面,思想是行动的灵魂。科学的思想将会指导高校突发事件应急管理的发展有一个正确的方向,评价是否具有科学的指导思想是一个重要方面。在学校应急管理方面,必须坚持“以人为本”,树立“安全第一”的思想,要千方百计地维护师生的生命及财产的安全。必须把应急管理的重点放在排查隐患、预防风险上来,把“以人为本”的基本思想贯彻到应急处理的过程中来,提高常规决策和应急决策的科学性,努力实现应急管理的制度化、科学化。

另一方面,学校要以科学知识为武器处置突发事件。应对突发事件,如学校实验室的有毒物质泄露事件、宿舍的失火事件、食堂食物中毒等事件一定要注意科学性和技术性,处理过程中一定不能盲目处理,需要咨询相关专家。在应急处理的过程中,不管是突发事件发生前制定应急预案,还是突发事件发生时的应急处理策略的制定,都需要有较强的科学和技术知识作支撑。在评价过程中,以科学性为原则,才能够保证为接下来的应急工作提供有利的知识和技术保证,使接下来的突发事件的应急处理工作更加科学,把损害降低到最小。

（2）可行性原则

在科学性和技术性的指导思想之上，可行性即让评价方案和指标体系具有可操作性，而不仅仅是停留在"以人为本"的指导思想和基本原则的理论层面。可行性就是要求评价主体广泛地收集信息，细化评价的维度，将复杂的变量通过多个问题或从多个角度加以细化，并使整个评价控制在客观条件和技术水平允许的范围之内。[①]

（3）制度性原则

建立规章制度是加强高校应急处理的一项常态性基础工作。只有建立了制度，立了规矩，评价才能有一个硬性的评价标准。2011年4月24日《黑龙江省高校公共卫生管理工作规范》（以下简称《规范》）出台并试行。《规范》要求各高校把大学生健康教育纳入学校教育教学计划，按规定要求开设健康教育课和卫生知识讲座。若发生食物中毒或传染病暴发流行等突发公共卫生事件，学校公共卫生管理机构或卫生保健机构须立即向学校公共卫生工作领导小组报告，并在2小时之内向属地疾病控制中心及卫生行政部门报告。报告的同时，高校公共卫生管理机构工作人员，须通过设在省教育信息中心的学校突发公共卫生事件信息网上报情况建立规章制度，最终的目的是积极预防风险。

建立健全应急管理制度，并不是无的放矢，而是在积极地预防高校突发事件的需要。高校合理地预见可能发生的突发事件的风险，有针对性地建立食品卫生安全管理制度、消防安全制度、实验室安全管理制度、学生宿舍安全管理制度，等等。在具体实施的过程中，监管督查都需要制度作为支撑来减少突发事件的发生概率。在高校突发事件管理中，特别是常态管理工作制度下，与应急管理预案的健全完善相比，突发事件发生后的危机处理更加重要。建立规章制度，对相关的管理人员予以制度化的规范是十分必要的。突发事件的发生必然有一定的潜伏阶段，在潜伏期中管理人员的疏漏将会直接导致突发事件的恶性发生。抓安全管理，必须落实安全责任，没有责任的管理是无效的管理。学校在建立应急管理制度的同时，必须建立覆

① 刘翩翩. 初探校园危机管理体系中的恢复评价机制的运用[J]. 江西青年职业学院学报，2011(6).

盖全校的安全管理责任体系，必须落实党委书记、校长安全管理的“第一责任人”和全校每个安全管理层的责任。尽管提高管理层的责任意识是安全管理的总方向，但是规章制度的建立、评价机制的健全，将会给管理层附加一个“有形的锁”，“无形的锁”与“有形的锁”相结合，给管理层一个硬性的评价标准，责任明确，惩罚分明，这样才能够真正地减少突发事件的发生概率，减少突发事件发生过程中的损失。

(4) 发展性原则

评价并不是最终的目的，而是一种手段。对学校的突发事件应急管理进行评价是归纳学校在突发事件应急处理中的得失，其目的就是为了提高学校预防和处理新的突发事件的能力，在评价中进步，在评价中改革才能实现评价的意义。《安徽工业大学学生突发事件应急处理预案》第九部分中明确提出：“学校将根据国家相关法律法规的制定、修改和实际情况的变化以及应急预案的实施情况，及时修订订完善本预案。”①《北京理工大学珠海学院处置突发事件应急预案》第九部分明确提出：“随着相关法律法规的制定、修改和完善，机构调整或应急资源发生变化，以及应急处置过程中和各类应急演习中发现的问题和出现的新情况，学校适时对《北京理工大学珠海学院处置突发事件应急预案》进行修订，上报学校上级部门突发公共事件应急处置工作领导小组备案。”高校突发事件应急管理效能的评价是促进学校形成“评价—改革—评价”的螺旋上升模式的助推器。

3. 评价目标

建立健全高校突发事件应急管理评价体系的最终目的是降低损害，减少突发事件的发生，建立一个和谐稳定的校园，为教师学生提供一个良好安定的学习环境。由于高校突发事件是指高等院校范围内那些突然发生的、危及师生生命和财产安全、对学校和社会的安全与稳定具有重大影响、急需学校甚至是政府快速应对的负面事件，它具有突发性和不稳定性、危害性和紧迫性、多发性和频发性、敏感性和社会性、群体性和复杂性，这就决定了高校突发事件是不可避免

① 刘翩翩. 初探校园危机管理体系中的恢复评价机制的运用[J]. 江西青年职业学院学报，2011(6).

的、危害性极大的、在高校中普遍存在的、并具有不良的社会影响的特性，所以将不可避免以及多发频发转化为降低发生概率、尽量避免危机事件的出现，将危害性和不良社会影响降低为最小，这是建立健全高校突发事件应急管理的评价体系的最终目标。

4. 基本要求

对于高校突发事件应急管理能力评价，需要关注政府、学校、教师和学生等不同层面，明确不同层面在应急管理过程中主体参与度与相应的责任。

(1) 政府层面

在处理突发发事件应急管理能力方面，高校还需要政府的有效支撑，因而，对高校的突发事件应急管理能力评价，也要评价政府特别是主管部门在高校突发事件应急处理方面的取向与政策支持程度。

一是关注政府对高等院校突发事件应急处理评价的理论指导水平，为评价的方向性、客观性提供理论指导。政府的理论指导也是高校突发事件应急处理评价的总原则，提高政府对其的理论指导水平，才能更好地落实“以人为本”的总原则、总思想，保证高校管理层及全体师生在处理突发事件上有着合理的政策依据。

二是关注政府有无健全的监察系统。由于高校突发事件的不可避免性，高校突发事件应急处理是一个长久性问题，原有的评价监督监察系统不能满足目前高校突发事件处置的需要，改革势在必行，形成完善的处理机制。

三是关注政府是否注重人文关怀。行政主管部门应做好人文关怀工作，保证处于突发事件之中的人员在身体上、思想上受到的伤害最小化，同时，关心关怀间接受害者的思想和心理状况，进而预防和避免引发附加突发事件。

(2) 学校层面

学校层面涉及高校自身的评价体系、应急管理制度、善后修复体系。

一是高校自身有无完善的突发事件应急管理评价体系。在“以人为本”的指导思想下，具体的应急预案、预防措施需要学校的具体的制定和实施，对应急预案的评价也是一个重要的部分，学校应及时地、积极地制定和完善应急预案。根据社会发展程度和学校的具体情况制定评价标准，以具体的评价指标来评定已经出现的突发事件带来的损失，或者评定可能存在的突发事件的潜在因素，减少突发事件发生的概率。完善的应急预案尤其在培养师生的忧患意识上，对减少突发事件发生的概率具有很重要的意义。学校应重视培养师生的忧患意识，例如开设相关的课程、定期开设讲座、演习活动等，促进师生忧患意识的提升和在突发事件发生后正确处理事件及保护人身和财产安全的能力的提升。

二是高校有无分工明确的应急管理制度。高校师生是一个特殊群体，大学生崇尚自由与个性取向成为当下高校管理的难点，这就需要一个责任分工明确的管理制度和优秀负责的管理层对高校师生进行正确的引导，将“管理师生”的陈旧观念转变为“服务师生”的新观念，将“以人为本”的思想在“管理”阶段充分地体现出来。高校突发事件应急管理的评价，特别是对管理层的评估是评价的最重要方面，涉及管理层的决策、执行与反馈等过程。其中，管理层的决策至关重要，制度激励与约束应能够使管理层临危不乱、快速决策，在此基础上，推进管理层在制度执行与反馈过程中科学有效地发挥作用。

三是高校有无完善的善后修复体系。突发事件的结束并不意味着整个事件的影响结束，缩小影响范围，降低损失是突发事件的一个部分。由于突发事件具有不可避免性，那么降低损失则是突发事的终极目标，善后修复工作也是一项重要工程。特别是在突发事件发生后，涉及人员的身心治疗问题更为复杂与急迫。

为了解两年后的灾区籍大学生的心理状况，抽取四川文理学院460名大学生进行筛查发现，大学生仍有部分存在比较严重的心理卫生问题，其中4名有重度的PTSD(创伤后应激障碍)的症状。突发事件应急处理的结束并不代表着影响的结束。根据PTSD的治疗理论，在突发事件发生后的一段时间，需要及时的心理疏导。PTSD是在突发事件发生后三个月左右出现的一系列精神反应。三个月的时间已经离突发事件比较长，师生对突发事件的发生也有所淡忘，对受害者的关注程度也不断降低，那么本着“以人为本”的指导思想，要为师生服务的观点，学校应以为师生负责的态度来处理善后修复工作，也要消除由上次突发事件遗留下来的附加问题，彻底根除可能发生的不利影响。建立健全完善的善后修复体制不仅需要政府学校给予受害者充足的人文关怀，更要关注受害者及间接受害者在此次突发事件中的心理问题，从根源上真正地减少突发事件的发生概率。①

（3）师生层面

一是师生有无忧患意识及相应处理能力。2011 年 4 月 6 日下午 6 点左右，华北电力大学 9 号学生公寓的两间宿舍突然起火，楼内学生幸被及时疏散，事故未造成人员伤亡。9 号学生公寓为一栋男生宿舍楼，失火的为 202 和 204 两间宿舍。记者在现场看到，明火已被扑灭，楼道内仍能闻到焦煳的烟味。两间失火宿舍已被封闭，门口贴着封闭通知，几名保安在门口看守。据学生们回忆，他们在宿舍闻到了浓烈的烟味后，急忙打开房门查看，发现有浓烟从 202 宿舍冒出，意识到是发生了火灾，便马上打电话报警求助。

突发事件发生时，师生对突发事件的应急处理能力是有限的，其处理的科学性和技术性较低，所以在发现后需要及时报告学校及相关部门，请求援助。在以上案例中，华北电力大学的学生在发现发生宿舍火灾后第一时间打电话报警求助，这是学生正确判断突发事件的基本情况和正确使用求助途径的表现，这也是具有较高的忧患意识和相关的应急知识的体现。但是，外界的援助不可能第一时间到达，那么提高保护自身的能力，积极应对和处理危机事件，是缩小危机事件不良影响的捷径。培养师生的忧患意识，积极预防突发事件的产生，从根源上杜绝突发事件的潜在因素。很多时候老师对学生的观察不够细致，或者是心理上的忽略，许多本身可以避免的，可以不以激烈发生解决的事情最后变成突发事件，不良影响波及范围变大。学生的生活动态，尤其是心理动态，需要老师，特别是所属辅导员的关注，从源头上避免突发事件的发生，积极关注学生动态，及时纠正学生的不良行为，为学生指引正确的发展方向，帮助学生树立正确的人生观、价值观和世界观。师生的忧患意识和预防突发事件的应急能力是评价的一个方面，评价的终极目标是减少突发事件的发

---

① 王夔辞. 34 例汶川地震灾区籍大学生 PTSD 症状叙事疗法的疗效研究[J]. 神经疾病与精神卫生，2010(6).

生概率。那么培养师生的忧患意识，提高预防突发事件的能力和突发事件发生后的应急处理能力势在必行。

二是高校是否关注突发事件后的心理疏导。突发事件发生后的心理影响是不容忽视的，不管是受害者还是间接受害者(即因目击事件的发生对心理造成不良印象的目击者)对突发事件不可能熟视无睹，在之后的生活中，突发事件都会或轻或重地对生活产生影响。在PTSD的理论中，三个月及以后突发事件对心理的刺激和影响会出现，突发事件发生后三个月，各方面的关注程度都会降低，这时候受害者和间接受害者的心理状况则很容易被忽视。所以在突发事件发生以后，教师一定要做好学生的心理疏导工作，及时减小突发事件对学生心理状况造成的不良影响。

(二) 评价程序

1. 评价发起

学校突发事件应急管理的评价是指政府、学校、社区、家长等相关利益主体依据评价指标体系，运用评价手段评估学校领导及相关工作人员在突发事件预防、处理、恢复等方面的能力和水平，以提高学校预防处理突发事件的应急能力的过程。因此，学校突发事件管理评价的主体是多元化的，包括政府、学校、社区、家长等相关的主体，是学校自我评价、政府评价和社会评价三者统一。① 一般高校的突发事件都会经历潜伏期、蔓延期、高峰期、衰退期这四个阶段，根据每个阶段不同的特征，学校突发事件应急处理由突发事件预防、突发事件处理和突发事件的恢复三个环节构成。因此评价高校突发事件的应急管理效能，具体可以落实到预防期、处理期、恢复期三个阶段进行评价。

(1) 对高校突发事件预防阶段的评价

“凡事预则立、不预则废”。预防各种潜在的危机事件是高校突发事件应急管理的一个至关重要的环节。预防某些突发事件需要花费一些成本，但其带来的收益远远不止这些低廉的成本。例如，“5·12”汶川大地震中，四川安县桑枣中学2300余名师生无一伤亡，创造了此次悲剧中的一个奇迹。在自然面前，这种无一伤亡的奇迹的出

---

① 邢娟娟.中小学突发事件应急管理与预案[M].北京:气象出版社,2009.

现并非偶然，而是该校校长叶志平一直以来对学校突发危机事件管理重视的结果。在未能预测地震发生的时期，叶志平修葺教学楼和每学期例行的突发事件的“演习”行为是浪费时间和金钱的“极不务实”的行为，但是正是他这种对突发事件高度警惕的意识以及安全教育意识的普及思想才拯救了该校 2300 条生命，创造了奇迹。

因此，能够正确地认识和评价学校突发事件的预防能力，才能够发现突发事件发生的潜在因素，以及在预防阶段的漏洞和不足。从而做到防患于未然。

(2) 对高校突发事件处理阶段的评价

突发事件发生后，高校有责任立即采取必要的应对措施，比如成立突发事件应急小组，及时积极地与突发事件的直接或间接当事人沟通，制订突发事件的应对计划等。突发事件的应急处理需要高校正确科学的决策，各部门的协调以及师生的配合，因此对突发事件的应急处理最能体现高校危机管理的能力，也是评价高校突发事件应急处理能力的最重要的标准。

(3) 对高校突发事件恢复阶段的评价

恢复阶段是高校突发事件应急处理的重要组成部分。突发事件多多少少都会给学校带来一定的损失和危害，突发事件的恢复即学校在获取全面信息的基础上，制定恢复的政策和策略，减少突发事件的损害程度的过程。评价恢复阶段，就是要评价学校是否能从突发事件中总结得失、吸取教训，进而增强抵抗突发事件的能力，同时，恢复阶段也是对高校师生负责的一个重要环节。高校是教育圣地，高校在突发事件应急处理的每一个环节都深深影响着师生接下来的发展，尤其大学生还处于思想的不稳定期，社会经验尚不足，突发事件对学生的影响是不可磨灭的。对学生人生发展的负责就体现在突发事件的恢复阶段，这也是高校培养人才不可忽视的一部分，只有学生心理上健康，才能保证人才的可用性。

2. 评价过程与标准

评价突发事件的危机管理能力是对高校突发事件的预防、处理和恢复能力三方面进行评价的尺度，评价的最终目的是要求高校对突发事件的应急管理达到事件损害程度最小化和危机管理的能力得到改进等目标。在评价的三个阶段中，需要有客观公正的标准，使评价具有更强的操作性。

(1) 突发事件的预防阶段

① 学校是否具有长期的危机管理意识,即在突发事件没有发生时,高校管理层日常工作中对潜在突发事件的关注程度。

② 校长、教职工、学生是否具有突发事件处理的理论知识和实践经验,是否在日常工作和学习中开设有演习、角色扮演等相关课程。

③ 学校是否建立健全突发事件预警系统,包括电子预警系统和指标预警系统。

④ 社会在突发事件预防中的参与度。

(2) 突发事件的处理阶段

① 学校的决策是否迅速、准确,决策的出发点是否体现了"以人为本"的原则,是否维护了师生的根本利益。

② 各部门之间的工作是否协调,信息沟通是否通畅(这里包括学校与政府部门、学校与家长、学校与媒体、领导与教师、教师与学生等各方面信息沟通是否通畅)。

(3) 突发事件的恢复阶段

① 学校是否对突发事件进行科学、合理的分析。

② 学校是否制定了危机恢复策略,并采取相关的保障措施。

③ 学校的恢复计划是否为人们所认可和接受

④ 学校是否自我反省,实现改革,增强凝聚力

3. 评价反馈

评价反馈是根据突发事件发生前、发生时、发生后的评价指标及评价的结论,及时对高校突发事件,应急预案进行针对性的调整,以达到减少突发事件的危害程度以及提高高校突发事件应急管理能力的目的。

(1) 评价反馈机制

高校突发事件的应急管理效能评价的反馈机制包括政府、高校、师生、社会公众几个方面。其中反馈机制的中心环节是高校。评价的反馈机制是建立在各个环节的相互作用和互动的基础之上的。

其反馈机制是一个闭合的回路动态系统。它的运行过程主要

是首先制定评价的指标，其次根据评价的指标进行追踪调查，获取突发事件发生的各个环节的指标，并根据数据分析一般性结果，再次是进行归因分析，找到问题存在及潜在的因素，最后进行改革，修改原有的突发事件应急管理预案，预防及尽可能减少突发事件的发生。

(2) 评价反馈原则

评价反馈是评价中的转折性环节。它是由指标结果归因分析到预案改革的中心环节。评价反馈应遵循以下几个原则：

① 客观性原则。指标是反映突发事件发生的造成的危害程度以及事情发展趋势在量化上的具体体现，评价反馈过程的客观准确的表达直接影响到反馈的结果，即应急预案的完善。如果在评价反馈的过程中，对指标结果的认识和归因分析出现了偏差，不能正确反映发生各个环节需要完善的地方，那评价反馈不仅不能让应急预案有效地得以完善，可能还会增加突发事件发生的危险。

② 及时性原则。突发事件发生有着时效性的特征，时间是处理突发事件以及进行突发事件评价反馈的重要指标之一。时间的延长可能会造成当事人及目击者的主观描述的错误，增强量化结果的不准确性。及时地进行评价反馈，积极改善应急管理的举措可以有效减少突发事件的延长性危害，也能准确客观地将指标的分析结果及时地反映到改革预案的工作中来。

③ 正反结合原则。评价反馈是由指标的量化处理到预案改革的过渡环节。量化指标反映了突发事件管理积极的一面和消极的一面。能够正确认识现有应急管理的优点和不足，能够扬长避短，才是评价反馈最终需要遵循的原则。这既需要正面的肯定突发事件管理的积极一面，又要看到需要改进的地方，正面肯定与反面批评相结合是评价反馈所必须遵循的原则。

4. 评价循环

由于突发事件的不确定性和突发性，对突发事件的预测存在着极大的不确定性，在一定程度上很难避免突发事件的发生。把突发事件的发生概率降低到最低、使突发事件对高校和社会的危害程度减轻到最小是评价的最终目的。这需要高校在突发事件发生后进行及时评价，对分析结果进行积极及时改革实践，不断分析评价，不断改革最终达到降低突发事件发生概率的目的。

(1) 评价循环的内涵

高校突发事件应急管理效能的评价循环是在高校中突发事件发生后，经过指标的量化分析，找到突发事件发生的根源以及潜在问题，对突发事件发生的各个环节进行评价，积极反馈到突发事件应急管理和应急预案的制定和完善中，形成一个“评价—改革—再评价—再改革”的循环往复的过程。

(2) 评价循环的机制

高校应急管理效能评价需要政府、社会公众、高校、师生、社会媒体等多方面的参与，那么评价循环的中心环节主要集中在高校。高校主导着学校突发事件应急管理的每一个环节，其制定的政策和方向决定着突发事件发生的发展方向。外界的压力会促进突发事件发展的进程，但最终决定事情突发事件应急管理的是高校。高校需要在评价—改革—再评价—再改革这个循环往复的过程中使高校应急处理能力不断进步，最终达到降低突发事件的发生概率和减少突发事件的危害程度的目的。

评价循环的机制是一个环形的机制。首先对突发事件进行指标上的量化处理，进行归因分析，其次进行结果的分析，制定措施，对原有预案进行改革，在应急预案实施的过程中再进行评价，再分析，在实践的过程中发现问题，进行改革。在“评价—改革—再评价—再改革”的循环往复的过程中，不断地完善应急管理预案，提高应急管理能力。

5. 注意事项

一是防止评价中出现的人性化与制度化的失衡。基于“以人为本”的指导思想，人性化的概念普遍运用到对高校突发事件应急管理效能的评价中来，但人性化的同时，需要制度的保证，评价的最终目的是完善制度，从而减少突发事件对高校师生的身体上、心理上的不良影响。那么制度和人性的结合才是减少突发事件的最佳途径。社会是不断发展的，同时人的心理状况也是不断发展变化的。制度永远需要跟随社会的进步而进步，死板地按照规章制度办事可能会导致突发事件应急管理工作的僵化。这就需要人性化管理来弥补制度的刻板性，人性化与制度化相结合才能够促进高校突发事件应急管理工作的进步。

二是防止评价工作与恢复重建工作的脱节。突发事件应急管理效能评价的最终目标是建立健全高校突发事件应急处理的体系，从制度上减少突发事件的发生概率。评价工作和恢复重建工作是息息相关的，如果脱离了建立健全相关体系，那么评价工作就失去了意义。

# 第四章　高校突发事件应急管理能力现状考察

近年来，国内外突发事件呈逐年增多的趋势。例如美国“9·11”事件、印度洋海啸、SARS、禽流感、我国2008年的汶川大地震等。突发事件不仅会使生命财产有巨大损失，而且会对社会经济发展造成重大破坏，严重影响社会稳定，甚至危及国家安全。党的十八大提出“办人民满意的教育”，推动“高等教育内涵式发展”。而突发事件应急管理能力的建设正是高等教育内涵式发展的重要内容。因为高校突发事件应急管理能力的提高要求高校在一定程度上转变高校文化、管理理念，提高教师素质，如此，才能有利于达到高校质量和效益两方面发展的指标。从实际情况看，我国高校突发事件应急管理能力水平的低下，已经成为制约我国高校健康发展的重要因素。这就要求高校必须提高突发事件应急管理能力水平，为高校和谐、教育的内涵式发展创造优良条件。但我国高校应急管理能力低下的症结所在是当前的一个研究难题。因此，为提高高校应急管理能力，加强高校应急管理能力评估研究，发现应急管理能力中的不足是当前的一项紧迫而重要的任务。我国高校当前突发事件应急管理能力的水平如何？其存在的主要问题是什么？应采取何种措施进行改进，以提高高校应急管理能力？对于这些问题的回答，都要依据对我国高校突发事件应急管理能力现状的考察。

## 一、高校突发事件应急管理能力评估研究的发展

### （一）高校突发事件应急管理能力评估的相关概念及意义

研究表明，目前世界各国对“突发事件、应急管理”都没有统一的概念。我们认为，高校突发事件是指在内外环境影响下，在高校内外部突然发生，威胁高校师生人身和财产安全，影响学校正常秩序和社

会稳定的需要采取紧急处置措施予以应对的不确定性事件。其中突发性和危害性两个要素要同时具备，才能构成完整的高校突发事件。

现代管理学大师彼得·德鲁克这样定义管理："管理就是界定企业的使命，并激励和组织人力资源去实现这个使命。界定使命是企业家的任务，而激励与组织人力资源是领导力的范畴，二者结合就是管理。"[①]本研究认为，高校突发事件应急管理是高校应急管理主体为了预防灾害，减少灾害发生所造成的损失，预见潜在的问题，激励和组织人力、物力资源在突发事件爆发的事前、事中、事后三个阶段的全过程中分别进行迅速预警、有效控制和积极善后处理的过程[②]，积极预防是三个阶段的重点。

我国先后出台了《"十一五"期间国家突发公共事件应急体系建设规划》(2006 年)和《国务院关于全面加强应急工作的意见》(2007 年)等重要政策文件，都把应急能力建设作为应急管理体系的重要措施，明确提出要加强突发事件应急管理能力建设。但应急管理能力的含义还有待于深入研究和澄清。能力是指保证任务顺利完成的个性心理特征，它会直接影响任务完成的效率和能否完成。因此，高校应急管理能力是指应急管理主体对突发危险事件的控制能力的宏观描述[③]，是保证高校突发事件应急管理活动顺利进行的多种能力的综合。本研究认为，应急管理能力包括预防准备能力、危机处置能力、恢复能力。这种能力越高，越是能够很好地预防高校突发事件的发生，减少学校师生生命财产的损失，保证高校内涵式发展的快速进步。反之，会招致更多危机事件发生，造成更大的生命财产损失，阻碍高校实力的增强。

高校突发事件应急管理能力评估就是依据一定的理论，采用科学的方法对高校应急管理能力数量化的过程。因此，建立科学、合理、高效的应急管理能力评价体系，开展高校突发事件应急管理能力

---

① 彼得·德鲁克. 管理：任务、责任、实践[M]. 余向华，等，译. 北京：华夏出版社，2008.

② 刘新建，陈晓君. 国内外应急管理能力评价的理论与实践综述[J]. 燕山大学学报，2009(3).

③ 陈国华，张新梅，金强. 区域应急管理务实——预案、演练及绩效[M]. 北京：化学工业出版社，2008.

的评估，具有十分重要的意义：

第一，通过评估，发现高校应急管理能力的缺陷和“短板”，明确应急管理中的工作重点，通过评估结果反馈制定更有针对性的措施，可以变被动为主动，提高高校应急管理能力水平。

第二，通过评估，可以定期检查应急准备及预警机制的完善程度，以及应急管理和事后恢复管理工作的规范性和有效性，提高应急管理工作的效率和应急管理机构的专业化等。

（二）我国高校突发事件应急管理能力评估的研究

高校应急管理能力评价贯穿于应急管理的全过程，是高校应急管理者做出正确决策的重要根据。当代学者们对应急管理能力的指标体系构建和评估方法进行了大量研究，要建立切实可行的应急管理评估体系，首先要在理论上澄清评估内容、评估方法等基本问题。

1. 高校突发事件应急管理能力评估指标体系的建构研究

高校应急管理能力是一种综合能力，由多种要素和更具体的指标组成，这些要素或指标之间既相互联系又相互制约，共同构成一个有机整体。要评估高校应急管理能力，首先要对高校应急管理能力进行要素和指标的建构。虽然很多学者对高校突发事件应急管理能力的评估指标体系构建做了大胆而有益的探索，但是目前对于指标体系构建过程，还没有统一的理论基础和科学方法[①]，构建的要素和指标也迥然不同。杨斌[②]等基于全过程理念，借鉴了国内外高校应急管理能力研究成果，构建了应急管理能力的评估指标体系。一级指标包括：预防和准备能力、处置能力、恢复能力 3 个一级指标，10 个二级指标和 33 个三级指标。陈伟珂、张力英[③]利用霍尔三维结构模型，并借鉴整合其他专家研究成果，构建了全过程、系统的应急管理能力的评价指标体系。该指标体系包括事前预防、事中控制、事后

---

① 陈伟珂，张力英. 高校突发公共事件应急管理能力评价研究[J]. 中国安全生产科学技术，2011(7).

② 杨斌，熊万玲，杜芳芳. 高校应急管理全过程能力评价指标体系构建研究[J]. 中国安全生产科学技术，2010(4).

③ 陈伟珂，张力英. 高校突发公共事件应急管理能力评价研究[J]. 中国安全生产科学技术，2011(7).

恢复 3 个没有重复内容的指标，共计 17 个二级指标。姬浩[①]等依据影响突发事件应急管理能力的风险因素，结合专家走访、调研，采用范围法和目标法相结合的方式，构建的高校应急管理能力评估体系包括 1 个目标层，4 个一级指标，9 个二级指标，26 个三级指标。刘伟等[②]根据应急管理过程、职能、能力三个维度所涉及的多方面的能力，如学习、预防、反应处置、计划、组织、指挥、控制和协调、恢复能力，以及应急管理资源、知识和应急技能的掌握等，构建了高校应急管理能力的深层结构模型。把管理职能与能力综合到过程维度上，提出高校应急管理能力的 12 个环节 30 个指标。方静等[③]基于文献研究和实地调查，构建高校应急管理五大能力体系：应急预警能力、基础保障能力、快速响应能力、应急事件处理能力和应急事件研究管理能力，并进一步构建了 19 个二级指标和相应的考核点。

罗伯特·希斯认为突发事件管理包括缩减、预备、反应和恢复四个阶段。恰是罗伯特·希斯提出的危机处理四个阶段理论被国内许多学者作为研究突发事件的理论基础。所以，不难发现，以上列举国内多位学者构建的高校应急管理能力评估指标体系有很多相似之处。但在实际研究中，研究者们的出发点和理论依据不同，构建的高校应急管理能力的指标体系也就不尽相同。可见，我国高校应急管理能力评估急需统一理论，构建切实可行的评估指标体系。

2. 高校应急管理能力评估方法研究

获得应急管理能力评估数据的常用工具包括自陈量表和投射量表。尽管两种工具都有一定的局限，但相比较而言自陈量表比投射量表更容易打分赋值。

在分析数据的过程中，可以对高校应急管理能力构成的维度和指标单独记分，取算数平均值作为指标得分，理解和解释都简单而直观。更多学者希望得到一个综合得分，可是，因为应急管理能力是由

---

① 姬浩，苏兵，吕美. 基于风险因素的高校应急管理能力评价研究[J]. 西安工业大学学报，2012(7).

② 刘伟，张万红. 高校应急管理能力的深层结构及其薄弱环节分析[J]. 中国应急管理，2009(3).

③ 方静，朱建军，胡琳，等. 基于组合赋权的高校应急管理能力评估指标及权重确定研究[J]. 价值工程，2010(11).

多重不同维度和指标构成综合能力,各维度指标间可能有着不同的权重和作用,所以,大量对高校应急管理能力评估的研究,在建构了评估指标体系后,都对各维度和指标的权重进行计算,然后根据计算出的指标权重再计算综合得分。这些方法包括:① 主观赋权法,即由专家根据经验主观判断确定指标权重,常用的有层次分析法(AHP)、模糊综合评价法(FCE);② 客观赋权法,根据各指标间的相关系数或变异系数来确定权重,常用的有灰色关联度法、多指标决策法(TOPSIS)、主成分分析法(PCA)。

在研究实践中,许多学者对这些常用方法进行了一定改进,或者把不同方法进行组合,以提高评估结果的准确性。陈伟珂、张力英(2011)①对AHP法进行改进,应用东北大学郭亚军教授提出的G1法,避免了一致性检验,减少了计算量,并使该方法操作性增强,对天津某高校的应急管理能力水平进行了评估,结果表明该校的应急管理能力处于合格水平,且接近良好。姬浩等基于改进的多级模糊综合评价模型的高校应急管理能力评价方法,计算了各级指标的权重,并对陕西某高校应急管理能力现状进行了评估,结果表明该方法有效可行。方静等②基于组合赋权的方法,分别采用信息熵的多属性决策方法、层次分析法、离差最小方法,通过问卷调查对高校应急管理能力评估,从而将三种方法的优点综合起来对指标赋予权重,并以南京五所高校为样本,研究了方法的实际应用。杨瑾③基于专家评价的模糊综合评价方法,通过校正—补偿评价法把专家对高校应急管理执行能力评价和对专家评价水平的评价综合起来,提高了评估的准确性。

综上所述,我国高校应急管理能力评估理论基础还较薄弱,具体评价指标与指标间关系(权重)的确定方法还不太成熟,没有形成稳定统一的评价方法模型。

---

① 陈伟珂,张力英.高校突发公共事件应急管理能力评价研究[J].中国安全生产科学技术,2011(7).

② 方静,朱建军,胡琳等.基于组合赋权的高校应急管理能力评估指标及权重确定研究[J].价值工程,2010(11).

③ 杨瑾.高校突发事件应急管理执行能力的评价[J].科技与管理,2008(3).

3. 高校对不同类别和级别突发事件应急管理能力评估研究

当前,我国对高校突发事件的分类较为成熟。如望文[①]将陕西高校突发事件整理归类为:学校安全类、公共卫生类、事故灾难类、自然灾害类。但现有关于高校突发事件的分级研究较少,主要是从定性的角度展开研究:刘伟等[②]从定性的角度提出突发事件的级别分为事故、危机和灾难三级。不同类型、级别的突发事件,对应急能力的要求不同,对于某一特定类型、级别的应急管理主体来说,并不是应急管理能力越高越好,只需要达到与之相应的水平即可。因此,对于高校应急管理能力除了一般综合评估的层次外,还包括对不同类型的、不同严重程度的突发事件的应急管理能力的评估。只有这样才能更加清楚高校对哪种类型、哪个级别的突发事件的应急管理能力存在问题。

对我国高校不同类型、级别的突发事件应急管理能力评估研究主要集中在应急预案方面的评估,多属于定性的经验性研究,缺乏定量化研究。陶应勇、蒙斌[③]认为,有些高校根据上级部门要求制定了应急管理预案,但由于应急管理理念滞后,未建立起完整的应急管理预案体系,要么没有分类预案,要么分类不全等。韦庆辛[④]认为,我国大部分高校制定了处置火灾事故、食物中毒突发事件的应急预案,而对其他类型突发事件鲜有预案。文献检索未见对高校不同类型突发事件应急管理能力的总体评估研究。

(三) 我国高校突发事件应急管理能力评估研究的发展趋势

1. 明确高校应急管理能力主体,提高评估的有效性和准确程度

高校应急管理能力主体的不明确性、临时性是制约评估有效性及准确程度的关键。

很多研究对高校应急管理能力没有给出明确的定义,没有明确高校应急管理能力的主体是谁。由于对突发事件的应急管理是高校的职能之一,因而很多学者就笼统地把高校默认为是应急管理能力

---

① 望文.陕西高校突发事件分级模型研究[D].西安:西安工业大学,2011.

② 刘伟.高校应急管理能力研究[D].徐州:中国矿业大学,2009.

③ 陶应勇,蒙斌.高校应急管理体系研究[J].南京理工大学学报(社会科学版),2009(6).

④ 韦庆辛.中美高校应急管理体系比较研究[J].中国公共安全(学术版),2010(2).

的主体。因此大量关于高校应急管理能力评估研究，都是直接对高校职能进行评估，而忽视代表学校履行这种职能的“临时工作小组”人员的管理能力的评估。对高校职能的评估主要是分析高校某种职能是否存在、能否正常发挥作用等。而对人的能力的评估则是构成危机干预机构的组成人员的关于危机处理的知识和技能的评估。因此两者在评估指标体系构建和评估方法的采用上都存在差异。我们认为，临时工作小组的构成人员的应急管理能力也是应急管理能力评估的重要组成部分，甚至起着决定性的作用。

我国高校采用“事后救火”的方式来应对突发事件，即危机发生后建立一个临时工作小组。对于这样一个应急管理能力的主体，可能随时会发生变化，因此对其应急管理能力的评估也就发生很大起伏，一所高校的应急管理能力到底是高是低，哪里存在问题等就不能进行可靠判断。

2. 开发科学有效的应急管理能力评估指标体系和评估方法

尽管我国学者在高校应急管理能力理论研究方面做了不少工作，但由于我国学者对应急管理能力评估研究的时间较短，理论基础薄弱，具体评价指标与相应评价标准的确定方法还不太成熟，没有统一的稳定评价模型①，因此，高校应急管理能力评估实际中的科学性有待进一步提高。

高校应急管理过程是一个极其复杂的过程，从理论上涉及社会学、管理学、经济学、心理学等多个学科，需要用到冲突理论、认知失调理论、危机处理和干预理论、风险评估理论等②。因此，高校应急管理能力评估指标体系也是一个极复杂的结构，单独从某一学科，或运用某一理论，奢望毕其功于一役是不现实的。所以，加强跨学科合作研究，是发展科学有效的高校应急管理能力指标体系的有价值的途径。

在评估方法方面，因为高校突发事件应急管理能力的部分因素

① 刘新建，陈晓君. 国内外应急管理能力评价的理论与实践综述[J]. 燕山大学学报，2009(3).

② 莫凡，胡小东，孔庆文. 高校突发事件应急机制研究[J]. 西南石油大学学报(社会科学版)，2011(6).

具有不确定性和难以量化的原因，很多情况下对应急管理能力的评估要依靠专家集体的知识、经验判断得出结果，这就不免受到专家主观偏好和认识上模糊性的严重影响，使评价产生更多随机误差和系统误差，评估的精确度还不高。再有就是，评估记分时要对指标权重赋值，对不同评估者评价一致性进行检验等，使评估结果计算过程变得非常复杂，可操作性较差，难以在更大范围内推广和应用。这是目前高校应急管理能力评估发展的瓶颈。因此，当前亟待加强应急管理能力评估方法的研究。

3. 加强高校对分类分级突发事件应急管理能力评估研究

高校根据自身实际，将突发事件划分为不同类别，对每个类别再划分出不同级别，由高校应急管理机构针对不同类型、级别的突发事件制定相应对策加以处置，建立起分类分级响应机制，就能高效解决问题，最大限度减少损失，避免资源浪费。当前，我国对高校突发事件的分类、分级研究很少，不同类别和级别的突发事件应急管理能力评估研究更少。因此，加强高校对分类、分级突发事件应急管理能力的评估研究，促进高校应急管理能力的差别化建设，才能做到有的放矢，增强实效。

## 二、我国高校突发事件应急管理能力现状

（一）我国高校突发事件应急管理能力的定性分析

总的来看，当前我国高校应对突发事件的机制比较薄弱，应急能力比较低，主要体现在以下方面：

1. 我国高校应急管理中的认识局限

（1）应急管理意识淡薄

部分高校突发事件应急管理意识淡薄，对突发事件的防范意识不强，尤其是往往忽略事后总结学习。这种事前预防能力弱，事后不总结的状况，只能导致高校应急管理处于疲于应付的状况，不能从根本上提高高校应急管理能力水平。

高校应急管理意识淡薄，在应急预案的制定上表现为预案现状与其核心价值的背离。高校突发事件应急预案应具有教育价值、预防价值、引导和操作价值等，其中积极预防和有序应对是其核心价

值。但从我国高校突发事件应急预案的现状看,很不令人乐观。一是预案不能保证多部门、多机构协同制定,因此很多内容不合理、不健全。当前我国大部分高校大多只是制定了火灾事故、食物中毒事件的应急预案,对其他类型的突发事件鲜有预案。再有,预案一经制定就束之高阁,很少订正更新,导致应急预案不能起到积极的预防作用。应急预案的生命在于其实操性。制定预案而不进行实践演练,就不能检验其合理性、科学性,甚至对其中的局限就不能进行修订。这是当前我国高校应急管理工作的一个重要薄弱点。二是很多预案的制定都是机械模仿照搬上级预案,缺乏针对性,使制定的预案不能发挥实际作用。

突发事件应急管理工作中对师生员工进行应急管理的宣传培训工作非常重要。但是由于高校应急管理意识淡薄,学校相关部门缺乏对师生员工的安全教育、防范意识教育,致使许多教师和学生危机意识淡薄。当师生员工面临突发事件时,容易出现群体性恐慌,降低人们在认知和行动上的应对能力。有调查显示,高校大学生对"犯罪危机"的警惕性最高,但在地震、疫情等灾害上,认识不足,有的甚至将一些发生可能性较高的危机事件,如食物中毒排除在危机之外。很多学生对地震的发生原理可以讲得清楚,但具体到如何逃生的知识却十分苍白。

突发事件应急管理事后总结、积累经验是高校应急管理能力的重要体现。这种总结学习包括个案学习和总体学习两个环节。个案学习是指对具体案例的起因、处置过程,以及对此类突发事件的总结。总结学习是指对各种高校突发事件的收集建档,并对这些资源分类、补充、管理与学习共享,甚至建立一个突发事件档案信息共享平台。这项工作能极大丰富处理突发事件的知识,提高应急管理能力。当前,我国高校对个案学习相对较重视,但是对高校各类突发事件案例收集建档工作非常薄弱。

(2) 管理理念和方式落后

在2003年SARS爆发前,在理念上,高校一般是把突发公共事件的处理主要看成是学校安全保卫这类部门的职责;SARS之后,在认识上则提升到学校层次,但尚未完全树立"大校园应急管理"意识,尚未认识到高校应急管理是一个学校内外多元主体共同治理的互动网络，需要借助和发挥各方面的力量。同时，亦未很好地树立全程管理的理念，许多高校仍把应急管理当作高校管理的偶然内容，将危机发生后的干预处理当作应急管理的全部内容。

在我国，高校占主导地位的应急管理模式是“事后动员型”而非“事先防控型”的，不仅缺乏组织化的应急管理机制，而且日常的预备防范、教育培训、危机演练等工作也很薄弱。实际上，高校中的许多危机是可以预测并得以防控的，比如教学质量、后勤服务和安全事故等。国外研究表明，是否做好了应急计划准备对于应急管理活动的成效和效率影响重大。从困扰时间来看，在有应急计划时，应急的平均经历时间是 8 周半，而没有应急计划时，则要长 2.5 倍；从后遗症的波及时间看，一般平均为 8 周，而没有应急计划时要比有应急计划的长 2.5 倍。从这一角度看，我国高校“重事后处理、轻事先防控”的管理模式的代价和成本是很高的。

2. 我国高校应急管理参与力量不足

我国高校应急管理采用突发事件应急处理工作小组作为领导力量。其中校级领导小组一般建制比较完备，但院系级领导小组建设没有得到足够重视。再就是，这种领导工作小组的临时性非常强，不利于高校应急管理能力的提高和稳定。对于实施持续有效的应急管理来说仍存在着先天不足：一是临时成立的工作小组在工作内容和人员构成上不具有延续性，因此危机处理后的经验和教训不能够有效保留和存储；二是危机处理需要学校内外各个机构的合作，临时成立的小组每次都需要花大量的时间与成本同相关机构进行协调，往往错失工作良机；三是临时领导小组事先没有一个有效的应急处理计划，难以形成一套成熟的应急处理操作方案并付诸实施；四是没有建立相应的应急培训和教育机制；五是临时性的组织缺乏制度规范和法律支持，其合法性地位将影响危机处理措施的有效性；六是由于这些临时的机构，仅仅或主要是针对 SARS 突发公共事件的，对其他类型的高校突发公共事件如学术腐败、心理问题、群体事件等则不一定适合；七是由于没有常设性的突发公共事件综合协调与决策机构及专门的职能机构，使高校在突发公共事件状态下的整合能力与应对能力大打折扣；八是由于突发事件应急管理机构的临时性，在应急管理过程中常常造成信息渠道不畅，不能做到及时预警，提早进行应对。

目前世界各国突发事件应急管理队伍都逐步走向专业化。从应急预案的编制、应急处置到事后恢复整个应急管理过程都需要具有专业知识和技能的人才参与。高校突发事件种类不断增多,涉及的专业领域也越来越多,需要根据突发事件的种类建立相应的专家库。比如,应急管理恢复阶段需要心理危机干预专家。从我国高校应急管理队伍的实际情况看,应急管理队伍专业化严重不足。

参与力量没有得到广泛而充分的调动。高校具有与其他城市社区之间的联通性和开放性,其应急管理机制需要包含教育行政部门、地方政府、周边单位、大众传媒、临近社区等力量,走"大社区应急管理"的路子。但实际情况是,我国绝大多数高校尚未走出主体单一性、空间封闭性、时间滞后性的危机应对套路,没有形成政府、学校、社区、用人单位、家长、媒体等利益相关方的联动机制。各方的信息呈孤岛状态,没有联通。在高校内部,应急管理的内容并未很好地进入党团组织的工作日程,而各类学生社团及组织更多地扮演被管理者的角色;来自高校外部政府、社会方面的参与力量则更少,其作用尚未得到充分发挥。在新形势下,试图依靠自身力量来解决学校危机的做法已被证明是不现实和不经济的。

3. 我国高校应急管理缺乏足够的规范支持

这方面问题的突出体现是高校应急管理的行政性强而法治性弱。这与传统习惯的影响和国家目前尚无专门法律来规范危机状态下的具体行为有关系。法律制度的缺失使学校规章及其实施的合法性很容易受到质疑,而在有的规章制度中还存在着与法律相抵触的现象。由于目前国家尚没有专门针对校园突发公共事件管理的立法,治安管理处罚条例、教育法等只是界定和处理校园内的犯罪与违反治安问题,如学校发生管教冲突、学生伤害和教师侵害学生人身权利等危机事件,学校、个人及责任人应该各自承担什么责任,学校和教师应分别承担哪些行政责任、刑事责任等,这在法律上都还没有定论。我国高校急需"校园应急管理的相关法律"出台。

高校应急管理的有效运行有赖于制度建设来保障。一些高校将应急管理等同于应急处理,忽略了预防和预警机制的制度建设。由于缺乏整体的制度设计,当危机发生时,一些学校往往采取临时性的缺乏依据的“非常”手段，处理效果不理想且易于造成遗留问题。比如，我国高校当前仍然采用“动员一切可以动员的力量，打一场轰轰烈烈的人民战争”的思路，而没有对应急管理采取分类、分级响应的机制和制度，这会造成资源的巨大浪费。薄弱的制度建设是许多高校都存在的突出问题，其表现形式有：不重视制度建设、制度措施不完善与不配套、为制定制度而制定制度、制度制定程序不合理、既有制度不落实等。民办高校中频频发生的学生与学校间的冲突说明，制度建设薄弱的问题在民办高校更为突出，有关的教育行政部门没有担负起应有的指导职责。

4. 设施和物资储备不足

应急设施设备与物资的储备是高校应急管理的硬件，也是我国高校相对较为薄弱的环节。由于我国属发展中国家，社会经济发展还相对落后，与发达国家相比，我国高校在这方面比较欠缺。随着我国经济条件的改善，在安全应急资金投入和校园设施及必备应急设备方面都有所改善，但是还少有高校设立应急管理专项基金。校园应急物资储备仍没有得到足够重视，是最为薄弱的环节，如备用电源、备用水源、帐篷、急救药包和器材等。

（二）我国高校突发事件应急管理能力现状调查研究

能力的评估可以从定性角度进行经验的描述，也可以从定量角度进行较精确的测量。

1. 高校突发事件应急管理能力测评指标体系的建构

心理学知识告诉我们，知识、技能都是活动的自我调节机制中不可或缺的构成要素，也是能力基本结构中不可缺少的组成成分。因此，人们已经学会的关于完成某活动的知识和技能就代表了其能力的现有水平。刘伟、张万红①认为，应急管理能力的构成要素包括：资源（人、财、物）、知识、技能三个方面。据此，对高校突发事件应急管理主体的应急管理活动的知识、技能的现有水平进行测量，再结合对高校应急管理资源准备情况的评估，就能获得高校突发事件应急管理能力水平的评估结果。但应急管理能力是一种较为复杂的综合

① 刘伟，张万红. 高校应急管理能力的深层结构及其薄弱环节分析[J]. 中国应急管理，2009(3).

能力，本研究对应急管理能力测评指标体系进行了构建。通过专家咨询和小组讨论确定了高校应急管理能力的基本内容结构。一级指标是根据突发事件发生的阶段划分的，主要包括事前、事中、事后所需要的知识和技能三大部分，具体为预防准备能力、危机处置能力、恢复能力。二级指标和三级指标的构建是对一级指标进行目标分析，即对一级指标用可观测和外显的行为指标进行具体化和可操作化。二级指标包括11项，其中，危机管理的观念、意识、安全教育能力，风险控制及预警能力，应急预案建设及演练，应急信息平台建设情况，组织队伍建设情况，物资准备情况等6项属于预防和准备能力一级指标；处置能力包括统一指挥能力、现场控制能力和应急协调能力3项二级指标；恢复能力包括事后处置能力、恢复建设能力两项二级指标（见表4-1）。三级指标内容构成《高校突发事件应急管理能力问卷》（见附录相关内容）。美国心理测验学家阿纳斯塔西认为，心理测验的实质就是行为样组的客观的标准化的测量。高校突发事件应急管理能力测验就是对表现高校应急管理主体的管理能力水平的行为样组进行测量，并用数字加以描述，它的结果是给高校应急管理主体的管理能力赋予一定数量化的值。通过目标分析获得测验题目共94个，11个维度。

**表4-1　　高校突发事件应急管理能力测评指标体系**

| 一级指标 | 二级指标 |
| --- | --- |
| 预防和准备能力 | 1. 危机管理的观念和意识，及安全教育<br>2. 风险控制和预警<br>3. 应急预案建设及演练<br>4. 应急信息平台建设<br>5. 组织队伍建设<br>6. 物资准备情况 |
| 处置能力 | 7. 统一指挥能力<br>8. 现场控制能力<br>9. 应急协调能力 |
| 恢复能力 | 10. 事后处置能力<br>11. 恢复建设能力 |

本测验是高校突发事件应急管理主体应急管理能力的自我评价工具。因为应急管理能力的复杂性和综合性，这种能力的高低不一定是构成要素能力的加总，而往往是取决于短板①。因此，我们没有采用加权求和的思想，而是计算单独的二级指标的平均值来衡量高校应急管理能力的水平并进行评价。在进行自我评估时，要求应急管理主体结合所在院校实际情况进行判断，如果所在学校实际与描述"完全符合"，就在描述句题号前的括号内填"3"，如果"大致上符合"，就填"2"，填"1"表示急需加强改进，N1 表示没有实施，N2 表示对情况不了解。对于没有实施和不了解的选项，计分时均记作 0 分。每个维度的平均分越高，表示高校突发事件应急管理主体能力越高；相反，表示应急管理能力就越低，需要改进和加强。具体划分等级为：1～1.5 分表示应急管理能力较差，需要加强和改进；1.5～2.5 分表示应急管理能力合格，管理符合规定；2.5～3 表示管理非常完善，应急管理能力较高。这种评估方法相对于专家打分评估的优势是使自评主体更加熟悉和了解评估对象的实际情况。

2. 我国普通高校突发事件应急管理能力现状评估

学校中层管理者是确保校园安全的中坚力量，是学校维护安全稳定决策和制度的贯彻执行者，也是学校各内部单位维护稳定的第一责任人②。我们使用自编《高校突发事件应急管理能力问卷》对北京交通大学、浙江师范大学、首都医科大学、南京航空航天大学、河北师范大学等 30 所普通高校（包括理工科、医学院校、师范类院校）的学生处、团委、保卫处和部分院系的主要负责人（共计 261 人）进行了调查，最终获得有效问卷 256 份。结果见表 4-2。

由表 4-2 可知，11 个二级指标得分全部大于 1.5 分而小于 2.5 分，说明我国高校应急管理各项能力均达到合格以上，管理符合规定。再有，不难发现，总体看前 6 项指标得分比后 5 项得分偏低，其中，应急预案建设及演练、应急信息平台建设、物资准备情况 3 个指标得分为：1.586、1.926、1.919 是最低的，并且都低于 2 分。这些表

---

① 马建华，陈安. 应急管理评价国内研究进展[J]. 电子科技大学学报（社会科学版），2011(5).

② 魏捷. 高校突发事件应急管理能力建设策略[J]. 中国高等教育，2012(20).

明高校应急管理能力应重视预防和准备能力的提高，这 3 个得分偏低的方面构成了当前高校应急管理能力方面的短板，是需要加强建设的重点。

**表 4-2　　普通高校应急管理能力评估**

| 二级指标维度 | 平均数(*M*) | 标准差(*SD*) |
|---|---|---|
| 1. 危机管理的观念和意识及安全教育 | 2.139 | 0.481 |
| 2. 风险控制和预警 | 1.993 | 0.626 |
| 3. 应急预案建设及演练 | 1.586 | 0.656 |
| 4. 应急信息平台建设 | 1.926 | 0.666 |
| 5. 组织队伍建设 | 2.054 | 0.570 |
| 6. 物资准备情况 | 1.919 | 0.659 |
| 7. 统一指挥能力 | 2.001 | 0.694 |
| 8. 现场控制能力 | 2.270 | 0.470 |
| 9. 应急协调能力 | 2.250 | 0.683 |
| 10. 事后处置能力 | 2.232 | 0.724 |
| 11. 恢复建设能力 | 2.188 | 0.694 |

调查结果总体显示，我国普通高校应急管理能力各项指标仅为合格水平，还需极大努力才能达到较高、较完善的水平。其中预防和准备能力必须得到重视，尤其是应急预案建设及演练、应急信息平台建设和物资准备 3 个方面构成了高校应急管理能力的短板，是建设的重点内容。下面分 3 个方面从 11 个维度分别讨论我国普通高校突发事件应急管理能力的现状。

(1) 高校突发事件应急管理预防和准备能力

第一，危机管理观念意识和安全教育方面。在危机管理观念和意识上尽管总体水平达到合格，如，在校师生大多具有“危机管理重在预防的意识”，院校重视平时师生心理咨询、治疗，能将许多危机化解在萌芽状态，危机事件管理中能够遵循“生命高于一切的原则”。但仍有较多欠缺和疏漏，例如，所在院校非常重视危机应对训练得分较低，每年定期不定期举行危机管理小组会议重视不够，每年度参加危机管理方面的国际经验交流会也没有得到高度重视，平均得分仅为 0.7 分，属于不合格档次。另外，在安全教育能力方面，各高校在大部分项目上表现良好，除教职工责任意识的强化外。在此方面得分接近不合格，需要改进和加强。因为在危机管理相应管理人员及教师在行政、民事、刑事等方面还没有较明确的责任规定。

第二，在风险控制与预警能力方面，总体得分较低，接近不合格水平。从具体内容分析，所在院校在积极宣传和传授危机防护手段及自救技能、建立心理危机预警机制方面较好，尤其是心理危机预警机制接近完善。建立有预警与分级处理危机事件的标准，并能分级响应；火警系统年检合格；通过日常观察发现问题方面合格。但余下方面更趋于不合格档次，学校具有“识别可能存在危险事件的程序”、进行“突发事件报告系统”检查，尤其是校园通信系统年检三个方面构成了高校风险控制与预警能力方面的短板。

第三，应急预案及演练方面是高校突发事件应急管理能力构成的短板之一。这一项中只有制定的应急预案是可执行的得分较高，属于合格档次。虽然院校制定的应急预案是完备的一项得分也较高，但从其他内容看，参与调查的人员对危机事件理解不够全面，没有把疏散预案、危机响应预案、爆炸物恐吓应对预案、突发事件课程设置应对计划、偶然性故意破坏的预案包含其中，较为主观地理解了应急预案的全面完备性。在预案的动态补充和完善方面得分也比较低。预案的演练方面，每学期进行 1～2 次演练，甚至更多方面刚刚达到合格，对演练总能达到预期效果的评价是能力较差，需要加强和改进。对于达不到预期效果的原因解释上，人们更多倾向于认为是人员到位情况不佳(危机意识不强)，协调组织不顺畅和支援部门支持不利，较少人认为是物质准备不充分。

第四，应急信息平台建设也是高校突发事件应急管理能力构成的短板之一。具体表现为，学校建立了危机事件中与学校职工的通讯方式、信息发布程序、建立有危机事件上报机制、危机事件信息能够及时上报给危机管理的最高层这四个方面能力合格，有些还较为完善。但在“危机中何种信息发布的确定办法”方面的管理能力表现较弱，因此不利于危机中舆情的控制。危机媒体发言人机制、信息共享方法方面都处于合格档次，还有一定程度的加强改进的空间。最薄弱的一个环节是危机中师生去处等级系统方面的管理能力是较差的，需要加强和改进。

第五，组织队伍建设能力方面总体处于合格档次。从具体内容看，各院校有明确的各类突发事件管理的牵头人，有协助处理危机的相关“功能部门”处于完善的应急管理能力较高的水平。但在危机管理的专业化方面评价就低些，很多项目刚刚达到合格水平，还有很大的改进空间。如有战斗力的危机管理小组上的得分仅 1.90 分，离 2.5 分还有较大距离。危机事件处置的专业救援队伍、志愿者群体、专业素质培训计划、多人次实际培训方面离完善都有较大距离，还有待改进和完善。

第六，物资准备能力是高校突发事件应急管理能力构成的短板之一。其中管理能力合格表现在：学校设有与学生家长会面的地点，有学生备用场地、危机管理办公室、紧急应对电话号码表，具有较充足的安全保护设备、较充足的医疗救护装备，并能对应急设施做到很好的日常维护。表现合格，离完善还有较大提升空间的内容表现在：危机管理的各类表格、充足的危机事件处置的工具包、已发生的危机事件记录纲要、专项应急事件经费、充足的应急物质储备方面。有待加强和改进的内容：可供公安局、消防队使用的建筑物（楼层）计划清单方面的得分都不到 1.5 分。

(2) 高校突发事件应急管理处置能力

第七，统一指挥能力是高校突发事件应急管理处置能力中最薄弱的环节。其中绝大部分内容的得分在 2 分左右，属于合格档次。如：参与危机处置人员一般都知晓危机处置的政策、程序，能够及时启动预案并严格按照预案执行，能合理有序地对应急人员进行调动等。只有总是能够动员社会各界人员参与应急事件的处置方面，得分较低，还显薄弱，有加强改进的空间。

第八，现场控制能力是整个应急管理能力中最强的方面。

第九，应急协调能力仅次于现场控制能力。这两种能力中所有内容的得分都在 2 分以上，有相当一部分内容得分接近 2.5 分的完善程度。例如，危机处置领导小组态度冷静负责，能够及时救助并对人员进行安置，能够及时启动心理危机干预应急系统，能够对事态进行正确地动态评估，能够把警戒与治安工作做好，能够及时进行信息采集和信息发布，能够较好进行人员沟通与协调等。

(3) 高校突发事件应急管理恢复能力

第十,事后处置能力中的大部分内容得分都在 2.2 分以上 2.5 分以下,属于应急管理能力合格,管理符合规定的档次。只有危机处置后能及时高效联系社会救助与保险部门进行救助与理赔得分较低,只有 1.98 分。看来在这个方面还有一定提升的空间。

第十一,恢复建设能力方面,危机后总能及时增设学生咨询辅导新场所、启动教职工咨询地点两个方面得分较低,在 1.8～1.9 分之间。有一定改进完善的空间。其他内容的得分都在 2 分以上,如:危机后会启动附加的心理辅导移交程序、会尽最大努力进行设施重建、会对教学和管理制度进行重建、能及时进行文件的整理和归档,建立完备的处理案例档案、能够委派专业的心理专业辅导人员进行心理辅导和干预等。个别内容得分高于 2.5 分,例如,危机后总能及时有效地恢复校园秩序。

总之,本研究用调查数据结果证明,经过多年的建设,我国高校应急管理能力已经得到一定程度的提升,但总体水平仍然不够完善,存在个别短板维度,有待加强。这一结果与已有部分研究相互验证,也有不一致的研究。中国行政管理学会课题组(2006)在高校应急管理机制建设研究报告中,认为我国高校应对突发公共事件的机制比较薄弱,应急能力比较低,应急管理能力亟待加强①。陈伟珂等认为,应急管理能力水平低下已成为制约我国高校健康发展的重要因素②,自然也成为制约我国高校内涵式发展的不利因素。并且,陈伟珂、张力英用 G1 法对天津某高校的应急管理能力进行了评价,认为该校的应急管理能力水平仅仅属于合格状态。温云峰③、张成福④认为我国高校对突发事件的管理和研究相对滞后,高校运行的政府式的管理体制,存在危机意识不强、管理能力缺失等问题。当危机事

① 中国行政管理学会课题组.高校应急管理机制建设研究报告[J].中国行政管理,2006(10).

② 陈伟珂,张力英.高校突发公共事件应急管理能力评价研究[J].中国安全生产科学技术,2011(7).

③ 温云峰.高效突发事件应急管理机制研究[J].茂名学院学报,2009(19).

④ 张成福.公共危机管理:全面整合的模式与中国的战略选择[J].中国行政管理,2003(7).

件发生时，常常反应迟钝力不从心。这也说明我国高校应急管理能力在预防和准备方面存在严重不足。这种准备上的不足主要表现在“风险控制和预警”上，而更糟糕的表现在应急预案建设和演练、应急信息平台建设和组织队伍建设方面的建设。在本研究的调查结果中，被调查者在很多项目上表示“不了解”也说明了我国高校应急管理主体的危机意识不强，需要加强危机教育和宣传工作，提高应急管理主体的自觉性。刘伟、张万红[①]从高校应急管理能力的深层结构入手，指出高校应急管理能力的预防与总结学习是目前相对薄弱的环节。郭文、朱建军等[②]基于层次分析法对高校应急管理能力评估进行了有益探索，发现高校应急管理过程首先要充分重视应急预案的实战演练，并不断完善改进预案；其次，应加大投入，保证应急物资的全面和充足；最后是加强应急管理人员的教育和培训等。这些研究的结果都与本研究的结果有很多一致之处。

（三）我国高校突发事件应急管理能力不高的原因分析

无论是定性分析还是定量调查研究的结果都表明我国高校突发事件应急管理能力水平较低是不争的事实。那又是什么原因造成这种现状的呢？

1. 应急管理能力主体的临时性

就目前情况看，我国高校内部还没有独立和常设的管理危机事件的组织机构，也没有常设的危机管理中枢指挥系统。每次都是危机发生后，临时成立一个工作小组，采用“事后救火”的方式来应对危机。这是导致当前高校应急管理能力不高的重要原因。第一，应急管理能力主体由于不存在延续性，危机处理的经验不能有效保留，不利于应急管理能力主体的知识和技能的增加。第二，工作小组没有充足的时间和精力制定完善的危机处置预案，更不能对预案进行实际演练，然后修改。第三，应急管理往往需要上级主管部门、地方政府、公安、媒体等密切合作。由于是临时组成的工作小组，成员来自

① 刘伟，张万红．高校应急管理能力的深层结构及其薄弱环节分析[J]．中国应急管理，2009(3)．

② 郭文，朱建军，等．基于层次分析法的高校应急管理能力评估指标权重确定[J]．中国校外教育，2010(8)．

不同部门，由于专业知识不同和部门文化的影响，彼此间的交流存在一定困难，难以做到组织有力，会延误危机的处理时机。第四，因是临时工作小组，危机解除后，小组就解散了。因此，高校应急管理制度薄弱，无法建立危机培训和教育机制以提高应急管理主体的能力水平。第五，尽管我国高校中突发事件近年来有不断增多的趋势，但只要没有严重的危机事件发生，临时工作小组没有成立，使得平时的危机预防和预警工作无人问津。也正是这种临时工作小组的解决问题的方式，使高校危机意识淡薄、缺乏应急物资准备、缺乏危机应急预案的制定，更忽视对突发事件的研究。即便有个别高校制定了危机应急预案，但多流于形式。第六，这种工作方式导致工作小组缺乏制度规范和法律支持，使危机应急管理缺乏法律依据。第七，突发事件之前，预防和准备能力水平总体较低，而危机发生后，成立了临时工作小组应急管理能力水平较高。本研究的这一结果也在一定程度上支持了危机管理组织机构的建立。

基于以上分析，我们认为，当务之急就是在高校成立一个职责明确的独立常设的危机处理协调机构，并能以立法形式获得对其他相关机构进行协调和调度的权力，以实现对危机事件的多部门联合干预。当常设的危机处理机构建立并对危机展开常态化的应急管理运作机制时，吸收高水平人才参与危机管理，提高应急管理主体的自觉性，就能建立起规范的制度，制定完善应急预案，储备应急物资，建立应急信息平台等，使高校应急管理能力的短板得到修缮，当然也能使高校应急管理主体的其他方面的应急管理能力得到提高。

2. 应急管理能力评价的局限性

要提高能力，就要首先了解自己的能力，哪些方面非常差，哪些地方有不足，哪些方面比较优秀，如此才能制定有针对性的措施完善高校应急管理能力。而这就要对高校应急管理能力进行评估，也就是说应急管理能力的提高来自于评价机制产生的不断反馈作用。尽管我国学者近年来在高校应急管理能力评估方面做了很多工作，但是总体上看，对应急管理能力评价研究时间还是比较短，相关理论研究仍处于探索阶段，相应的评价指标和评价标准的确立方法还不够成熟，还没有形成统一的评价模式。[①] 我们认为，我国高校应急管理能力的科学评估还是一个难题，它限制了高校应急管理能力水平的提高。我国学者多采用主成分投射法（Principal Project Method）[②]、AHP法、专家评分法、模糊综合评判法、粗糙集和灰色关联分析法结合[③]等。这些方法由于计算过程复杂（计算每个因素指标的权重），实际可操作性比较差，难以大规模应用和推广。[④] 本研究采用自评问卷法对高校应急管理能力进行小样本评估是一种可贵的尝试和探索，采用自评问卷法只用简单的平均数、标准差计算即可。这种评估方法侧重风险识别和应急管理能力的脆弱性分析，为量化评价高校突发事件应急管理能力提供了一种思路和方法。再就是，一般高校应急管理能力评价都属于高校安全期应急能力建设中的评价，属于静态的综合评价，针对性不强。而应急期间应急管理能力评价才具有更强的针对性，但这类研究国内基本属于空白。

总之，在中国社会高速发展的大背景下，高校内外环境也发生着巨大变化，突发事件不可避免会发生。因此，如何提高高校突发事件应急管理能力才是防止高校危机事件频发、保证师生生命财产安全、保障教学科研正常秩序的根本所在。

## 三、我国高校突发事件应急管理能力差别化建设现状

自新中国成立算起，我国突发事件应急管理体系大致分为防灾减灾和综合应急管理两个阶段。当前的应急管理体系表现出更多的“一般化”特征，但我们知道，高校种类层次多样，突发事件类型繁多，千篇一律的应急管理体系、机制肯定会弱化管理效果。因此，要使应

① 刘新建，陈晓君.国内外应急管理能力评价的理论与实践综述[J].燕山大学学报，2009(3).

② Song Xibo，He Haiyan，Zhu Xiangyu. Evaluation model of the campus emergency management capacity based on principal component project method[J]. Procedia Engineering，2012(37).

③ 刘庆华，李巍巍，吴冲.高校突发事件应急管理能力研究[J].扬州大学学报(高教研究版)，2012 (16).

④ 刘新建，陈晓君.国内外应急管理能力评价的理论与实践综述[J].燕山大学学报，2009(3).

急管理有的放矢，增强实效，就必须要加强突发事件应急管理能力的差别化建设。在此，我们主要考察当前我国高校突发事件应急管理能力差别化建设的现状。

（一）我国高校突发事件应急管理能力差别化建设的基础仍有待优化

高校突发事件应急管理能力建设的“一般化”是差别化建设的基础。尽管我国高校类型和层次多样，突发事件也种类繁多，但任何一所高校都应该具备一定水平的应急管理能力以应对突发事件的发生。因此，首先要弄清当前我国高校发生率最高的突发事件是哪些类型，要求所有高校都建立起较高水平的应对这些种类的突发事件的应急管理能力。

1. 当前我国高校频发的突发事件

对高校突发事件的界定和归类是树立应急管理意识和理念，提高应急管理能力的基础环节。中国行政管理学会课题组从我国高校当前的实际情况出发，认为问题突出、影响大且发生频率高的突发公共事件主要集中在招生就业、群体性行动、心理疾患、校园安全与事故、师德与学风等方面。[①] 综合各种文献，根据高校突发事件发生率和性质，我们认为，以下几种类型的突发事件应急管理能力是所有高校必须具备的，是当前高校应急管理能力建设“一般化”的重要内容。

（1）学校管理类突发事件多发

学校管理类事件主要包括由于学校内部管理存在各种问题得不到及时有效解决而引发的突发事件。高校内部管理矛盾重重，相关管理类突发事件多发。如因为学生对教学质量不满而罢课，因学籍管理问题引发的学生或家长滋事事件，或具有攻击性的网络匿名帖子，匿名上访信等。近年来，招生与就业类事件比较突出。由于学校与考生之间严重的信息不对称、招考制度不够公开透明以及高校内部管理混乱等原因，招生问题在各类高校、各学历层次高校中普遍存在。在就业方面，由于近年来实施扩招政策，每年毕业生数量都很大，造成就业难。大学毕业生求职中出现了多种突发事件和种种心

---

① 中国行政管理学会课题组．高校应急管理机制建设研究报告[J]．中国行政管理，2006(10)．

理危机，需要引起高度重视。再就是，师德类事件在我国高校不断出现，尽管有不良行为的教师在高校教师中属于极少数，但他们对教师队伍及高校整体形象的损害是很大的。①

（2）政治类群体突发事件发生率增加

国家利益冲突、国际政治危机、国内社会矛盾激化、敌对分子的煽动破坏等，是导致高校政治类群体事件发生的直接原因。如近期的钓鱼岛政治危机，诱发大学生抵制日货、破坏日系车辆等事件。近年来，由于国家利益冲突事件、国际政治危机事件、国内社会矛盾事件在媒体曝光率的提高，高校内群体政治性事件发生的概率不断增加。高校群体政治性事件的主要特点是：社会联动能力强，影响面较大，与国际国内政治形势关系密切，一般会有一定的组织程序，主要表现为学生张贴不利于稳定的大小字报、集体游行、网络讨论、静坐绝食、罢课、聚众冲击学校机关或政府机关等。此外，随着信息技术的发展，高校已成为网络运用最为密集的地方。网络因其具有相当的言论自由度和匿名性，而成为社会或学校焦点问题的信息传播中枢。在电子化时代，网络舆论的形成非常迅速，一个热点政治性事件的存在加上一种情绪化的意见就可能成为引发高校群体行动性事件的导火索。

（3）学校治安安全类事件发生频繁

随着学校内外部环境的日趋复杂，发生于高校校园及周边或以高校学生为案发主体的治安或刑事犯罪案件接连不断。有调查显示，近几年发生在高校的宿舍偷盗、被抢、诈骗、故意伤害、故意杀人等案件呈上升趋势。与此同时，发生于高校及高校学生身上的实验室安全、建筑物安全、火电灾害、户外人身安全等事故类事件也日趋频繁。另外，公共卫生安全（如集体食物中毒、传染性疾病）案件也时有发生。如 2003 年 SARS 造成许多高校教学秩序的混乱，2013 年南京理工大学实验室爆炸事件，复旦大学研究生投毒事件等。由于高校人员密度大，聚集性强，一旦发生上述事件就有可能造成非常大的损害。

---

① 许中华，雷育胜．高校危机的类型、特点及管理策略[J]．中山大学学报论丛，2005(4)．

（4）心理问题类事件呈上升趋势

近年来，我国大学生中存在的心理障碍问题日趋严重。有关调查显示，全国大学生中因精神疾病而退学的人数占退学总人数的54.4%，有28%的大学生具有不同程度的心理问题。其中，有近10%的学生存在着中等程度以上的心理问题，大学生心理健康问题已相当严重。近几年来因心理疾病而发生的出走、自残、自杀、杀人等事件在我国高校呈上升趋势。

2. 我国高校突发事件应急管理能力差别化建设的基础仍有待优化

我国高校多发频发的突发事件主要集中于上述几种类型，向我国高校应急管理能力“一般化”建设提出了要求。那么，我国高校当前突发事件应急管理能力建设的“一般化”状况是怎样的呢？

第一，应急管理体制同构化。当面对各类不同突发事件时，从国务院到省、市、县逐级复制，建立高度同构的突发事件应急管理的综合协调机构——“应急办”。① 高校也同样模仿套用，在突发事件发生时建立同构的“应急办”。而“应急办”仅是个不稳定的机构，是在突发事件发生时临时组建的。尽管在应急管理中发挥了重要作用，但也同时带来了很多不利影响，如构成成员间不够了解，应急管理的组织协调效率较低等。高校环境有其特殊性，如人口密集、年轻人多、大学生接受新事物快，情绪容易失控等，需要更强的突发事件应急管理能力，因此，所需要的应急管理体制也应有所不同。也就是说，尽管在突发事件发生时，同构化的应急体制能够在应急管理中起到相当重要的作用，但从实效、有的放矢的角度看，还是要进一步制订、完善更有针对性的高校应急管理体制。另一个亟待完善的方面是，应急管理的分级管理体制的建立和完善，这样可以强调高校的主导作用，同时发挥各级政府对高校的支撑作用，和各界社会力量的协助作用，形成一个高效的联动体制，更好地起到预防危机发生、减少损害的作用。从当前高校应急管理能力现状看，这方面的建设还有待提高。

第二，应急管理机制标准化。当前我国应急管理过程形式分为

① 张海波，童星.应急能力评估的理论框架[J].中国行政管理，2009(4).

四个相同阶段：预防与准备、预警与监测、救援与处置、恢复与重建。在应急管理过程中一刀切地对四个阶段同等重视，依次展开应急管理，这是无的放矢的表现。其实，有些突发事件可以事先预防，如食物中毒；有些则不可预防，如地震、海啸。因此，对于可预防和不可预防的突发事件的应急管理重点应该有所区别，能预防的突发事件应注重预防和预警阶段的管理。而不能预防的突发事件只能注重救援与处置、恢复和重建阶段的管理。因此，对高校突发事件按照能否预防进行分类梳理，并在应急管理中区别对待这两类突发事件，这是高校应急管理能力"差别化"建设的一个重要方向。再就是，由于对突发事件缺乏分类分级管理的理念，在突发事件预警阶段，就没有从低到高警戒级别的划分，高校自然不会采用分级响应的对策，应急管理预案也就没有级别上的区分，可能会造成资源的浪费或管理不善。

第三，应急管理预案实效性差。有关资料显示，截至2006年底，全国已编制各类应急预案135万件。尽管大量的应急预案制定出来，但是这些预案具有明显的缺陷：照抄上级部门的预案；缺乏对特定突发事件的针对性；实际操作性较差；不能及时更新等。因此，对于应急管理预案的编制，应及时更新，进行实际演练、完善，增强其操作性和实效性。从预案的类型上看，我国大部分高校制定了处理火灾和食物中毒事件的预案，其他类型的突发事件鲜有预案。

第四，应急管理法制原则化。突发事件应对法明确了应急管理的一般原则。但目前我国高校应急管理中仍然缺乏可操作性法理依据。例如尚未出台校园安全法，校园应急管理的国家法律还处于空白状态。

综上所述，应急管理体系一般化建设作为差别化建设的必要过程，是差别化建设的重要基础。当前，高校突发事件应急管理能力"一般化"建设正逐步完善，但我国高校应急管理体系、应急管理机制、预案编写、法制化等都有待进一步优化。

### （二）我国高校应急管理能力差别化建设的前提比较薄弱

孙兰会[①]把高校应急管理过程看作是一个在特殊决策环境的特殊决策过程，这一过程包括：确定突发事件的性质、明确决策目标、设

---

① 孙兰会.高校突发事件应对措施研究[J].科技信息，2009(14).

计应急方案、评价和选择应急方案、组织实施应急方案、评估方案实施效果等六个环节。为使突发事件造成的损害降到最低程度，决策过程必须迅速有效。由于突发事件的紧迫性、后果的严重性及不确定性给决策带来巨大压力，这样的决策能力需要不断地学习和训练，才能得到提高和发展。实际上，每所高校面对的突发事件性质不同，危害程度不同等，这就需要高校在具备应对突发事件应急管理的一般决策能力的基础上，还要依靠不断学习，总结经验教训，熟悉不同性质突发事件发生原因、机制、严重程度等，做到有的放矢、高效地处理高校突发事件。因此，高校突发事件应急管理的学习过程是高校应急管理能力差别化建设的重要前提。

我国高校对不同种类突发事件应急管理的能力普遍薄弱，其重要原因是目前高校对突发事件应急管理的学习过程不够重视。高校突发事件应急管理的学习过程可分为个案学习与总体学习。个案学习是指对具体案例的发生原因分析、处置过程总结、此类突发事件总结归纳等。总体学习包括对校内外高校各类突发事件案例收集建档，以及对这些案例资料的分类、管理与学习共享。当前，我国高校比较重视突发事件个案学习，薄弱环节是对各类突发事件案例收集的总结性学习。因此，我国高校尤其要重视对其所在地区高校、特别是同类高校突发事件案例的搜集和整理建档，并总结经验教训，这样可以极大丰富处理突发事件的知识，提高应急管理能力。一所高校还要对本校多年来的突发事件进行归纳整理，发现规律性，制定针对本校突发事件的预案，提高应急管理效率。

（三）我国高校应急管理能力差别化建设的重点不被重视

高校应急管理能力的提高要以相应能力评估为前提，因为通过评估才能找到应急管理能力中存在的薄弱环节、识别出高校管理中的风险因素，以便及时采取有效措施应对突发事件。因此，风险识别和脆弱性分析是高校应急管理能力差别化建设的重点。

对我国不同类型、层次高校的突发事件应急管理能力评估研究主要集中在应急预案方面的评估，多属于定性的经验性研究，缺乏定量化评估研究。不同地区高校特定风险突发事件发生的概率并不完全相同。例如，东南沿海高校发生台风的概率比西部内陆高校高得多。不同城市不同地区的高校由于资源投入、管理意识等方面的差异，在应急管理能力的薄弱环节上也有差异。这就更需要对其进行严格意义上的定量化评估，才能更准确及时发现相应的风险因素和能力的薄弱环节，为提高应急管理能力奠定基础。当前，我国高校突发事件的风险识别、脆弱性分析、应急能力评估能力都存在一定的不足。例如，很少有高校能根据评估结果将突发事件分类分级进行处理。大多数高校仍然停留在突发事件被动管理层次和阶段，少有高校积极主动评估自身应急管理能力的措施和机制建设。因此，我国高校应急管理能力差别化建设的重点没有得到重视和强调。

事实上，我国高校应急管理能力差别化建设的重点没有得到重视和强调的一个重要客观原因，是当前对应急管理能力评估方法较落后。我国对高校应急管理能力评估研究起步较晚，当前大量研究仍处于理论探索阶段，评价指标和评价标准的确立方法还不统一。我们认为，我国高校应急管理能力的科学定量化评估是一个难关，它限制了高校有针对性、有重点地改善和提高应急管理能力。我国学者主要采用主成分投射法、层次分析法、专家评分法、模糊综合评判法、粗糙集和灰色关联分析法结合等方法。由于计算过程复杂(计算每个因素指标的权重)，致使这些方法操作性较差，难以被大规模应用和推广。多数情况下，高校应急管理能力评估都是在安全期应急能力建设中的评价，属于静态的综合评价，针对性不强。而应急期间应急管理能力评估才具有更强的针对性，才能更可靠地发现突发事件处理期间高校应急管理能力的薄弱环节。但这类研究国内基本属于空白。

### (四) 我国高校应急管理能力差别化建设的保障条件不足

不同类型、层次的高校应急管理能力存在高下之分，这与其财政实力、资源投入、制度建设、组织培育、应对经验等有很大关系。其中，高校的财政实力、资源投入、制度建设等是其应急管理能力差别化建设的保障。当前我国高校应急管理能力差别化建设保障条件不足主要表现在资源投入不足、制度建设不完善。

高教资源的配置亦可分为宏观和微观两个层次。宏观层次方面，在国家的宏观调控与市场的基础作用下如何有效地将总体教育资源分配于不同的地区或高校，使教育资源流向最适宜的可能取得最大效益的地方。"985""211"高校最为典型，它们得到国家财政巨资的大力支持，但我们知道这些巨额投入主要是用于加强教学和科研的，因此，这些高校用在应急管理能力建设方面的资源投入也只是可能宽裕些。我国高校类型、层次划分复杂，种类繁多。如根据国家建设重点，分为全国重点高校和非重点高校；以行业学科为特点，分为综合大学、理工院校、农业院校、林业院校、医药院校、师范院校、语言院校、财经院校、政法院校、体育院校、艺术院校、民族院校 12 类；以行政管理区域为特点，分为中央部属高校和地方高校；以所有制为特点，分为公办高校、民办独立高校、民办高校；以办学形式为特点，分为全日制普通高等院校、职业技术院校、成人高等教育，以及高等教育自学考试机构等。这些类别的划分基本属于政府对高校行政管理的不同分类。虽然这些分类难以建立与应急管理能力之间的直接对应关系，但我们不难理解，这些分类都会导致一个共性的结果：高校管理部门对高校的资源配置不均衡——其目的是引入竞争机制，通过横向比较发挥办学资源配置政策的导向作用。对于大多数高校来说，国家政府的投入按层次基本是稳定的。但无论政府给予高校多少资源投入，其主要目的是用于教育教学和科学研究方面的，没有突发事件应急管理的专项资金投入的划拨。这就可能导致，高校突发事件发生时，高校要在有限的教育和科研投入中抽出部分用于应急管理。这样的资源投入不但得不到保障，还会损害教育和科研方面的发展和建设。在宏观上，高校得到国家政府投入资源的多少会影响其应急管理能力建设外。在微观层次上，在既定资源投入条件下，造成高校突发事件应急管理能力建设保障条件参差不齐的另一重要原因，是各高校对突发事件应急管理能力建设重视程度的不同。高校对突发事件应急管理重视程度不同直接导致划拨给应急管理的资源的多寡，导致高校用于应急设备与物资储备的投入产生巨大差异。对应急管理能力建设重视的高校就会逐步加大应急管理资金的投入，如应急备用金储备、保险资金投入等。这些高校还会购置必要的应急设备，完善校园应急管理所需的设施等，如建设校园监控网络、宿舍安全设施、实验室安全设施等。因此，高校应该设立应急管理的专项基金，用于采购应急物资和装备，保障应急管理工作的其他费用开支。

我国高校应急管理能力差别化建设的保障条件不足，还表现为高校应急管理方面不完善的制度建设。由于制度不完善,我国高校对待突发事件往往采取临时性缺乏依据的"非常"手段进行处理,效果并不好,且容易造成"后遗症"。高校应该设立应急管理的专项基金,也有赖于制度上的保障。但总体上看,我国高校应急管理制度建设的薄弱主要表现在:对制度建设不重视、制定程序不合理、制度措施不完善不配套,既有制度不落实等。这些都不利于我国高校应急管理能力的提高。

## 四、我国高校突发事件引发心理危机的干预能力现状

### (一)心理危机、突发事件引发的心理危机、心理危机干预

#### 1. 心理危机

心理危机是指个体运用通常应付方式不能处理目前所遇到的内外部应激而导致个体情感、认知和行为方面的功能失调状态。心理危机可以指心理状态的严重失调,心理矛盾激烈冲突难以解决,也可以指精神面临崩溃或精神失常,还可以指发生心理障碍。当一个人出现心理危机时,当事人可能及时察觉,也有可能不知不觉。

一般心理危机发生后,会有相应的身心反应,包括:恐惧和担心;无助感;悲伤;内疚感;愤怒;强迫性重复回忆;失望、思念和过度反应等。

#### 2. 突发事件引起的心理危机

突发事件所引发的心理危机则是指一些重大自然灾害、事故灾难、公共卫生事件和社会安全事件的突然发生,造成了严重的社会危害,进而对人们的内心产生强烈的冲击,致使人们产生心理恐慌,出现心理危机。高校突发事件引起的大学生心理危机就是指高校内外发生的突发事件导致大学生个体或群体的情感、认知和行为方面的功能失调状态。

#### 3. 心理危机干预

所谓心理危机干预是指在心理学理论指导下对有心理危机的个体或群体的一种短期的帮助行为,其目的是及时向经历个人危机、处于困境或遭受挫折和将发生危险的对象提供支持和帮助,使之恢复

心理平衡。[①] 它主要包含三个层次的目标：一是帮助危机当事人减轻情感压力，降低自伤或伤人的危险性；二是使其心理恢复平衡，避免出现慢性心理障碍；三是提高危机应对能力，使其在未来面对危机时能更加成熟。

（二）高校突发事件与大学生心理危机

从社会物理学的社会燃烧理论角度分析，高校危机的“燃烧物质”是社会环境的复杂因素、高校内部存在的诸多问题和大学生自身因素，“助燃剂”是社会环境变化和舆论导向，“点火温度”是突发事件。由此分析，高校突发事件与大学生心理危机有着内在的紧密联系，高校突发事件是大学生心理危机发生的“点火温度”。在高校突发事件发生时，许多大学生往往缺乏危机知识，不能正确评估危机风险，难以保护与调适自己的心理，容易产生心理危机。一份对辽宁省26所高校在校学生进行的抽样调查显示，35%的大学生认为校园突发事件发生后给自己带来的最大影响是心理阴影和情绪波动。[②]

从心理危机的成因角度看，心理危机构成有三个要素：存在重大的心理应激、引起急性心身困扰、当事人用寻常解决问题的手段暂时不能应对。高校突发事件是学生心理危机发生的心理应激源的重要内容之一。

大学期间常遇到的心理危机有三类：一是发展性危机，是指在大学生正常发展和成长过程中，在急剧的变化或转变中遇到的问题暂时不能应对导致的心理失衡。如学业失败、失恋、求职受挫等。二是存在性危机，是指伴随着重要的人生问题，关于人生目的、责任出现的内部焦虑和冲突。如生命的意义、读书是为了什么、幸福究竟是什么等。三是境遇性危机，是指当出现罕见或超常事件，且个人无法预测和控制时产生的心理危机。如遇到交通意外、被绑架、被强奸、突发大面积传染病、火灾、突发恶性公共事件等。由此可见，高校突发事件是诱发大学生心理危机的重要危机源之一。

综上所述，无论是理论分析还是实际调查都表明，高校突发事件

---

① 王朝，庄张婷．大学生心理与健康[M]．北京：科学出版社，2008.

② 贾睿琦，钱振明．大学生应对突发事件的心理反应调查——基于辽宁省部分高校的调查分析[J]．人民论坛·学术前沿，2011(11).

与大学心理危机的发生有着紧密关系。因此，对高校大学生进行常规心理健康教育，在突发事件爆发后及时给予心理危机干预是必要的，这也体现了对高校突发事件中大学生心理危机干预研究的价值和意义。

(三) 高校突发事件大学生心理危机干预的重要性

生理心理学的研究表明，当面对突发事件时，受灾者一般会经受高度的压力，身心极度紧张，从而进入应激状态，即表现为“心理的巨大混乱”，个体达到失控、失能的地步，不仅机体免疫系统严重受损，而且其整个心理系统也有可能出现严重障碍。再加上整个大学阶段个体承受着巨大的压力：学习的压力，经济尚不独立的压力，就业的压力，对学校生活环境、学习方法、内容的适应问题；在新集体中的自我认知和评价问题；重新构建同学、朋友的人际关系问题；与异性交往、恋爱的问题；求职与考研的选择等问题，多种因素交织在一起，当遇到特定生活事件或突发事件时，这些交互因素便浮出水面，引发个体的心理危机。学生因压力较大，不能应对而导致出走、自杀等危机事件时有发生。

另外，大学生自身的阅历浅及不成熟的人生观、世界观、价值观，也给他们对理想的追求带来了较多的心理困惑。由于大学生心理成熟普遍滞后，心理承受能力差，因此，一旦突发事件爆发，认知功能衰退，难以独立思考，极易出现从众心理和盲目性，导致心理危机的传播和扩散。而心理危机的传染性则会使得突发事件的影响范围进一步扩大，加大了突发事件的破坏性。突发事件往往是突如其来无法准确预料的，容易带来极大的惊恐和混乱，造成大学生突发性心理危机事件。轻者会在学生的生理、情绪、认知和行为上产生一系列负面影响，造成心理障碍和心理疾病；重则可能造成人员伤亡，酿成悲剧。

因此，高校突发事件心理危机干预责任重大，如何提高学生在突发事件中的心理素质和受挫能力，帮助突发事件当事人走过心理重建的历程，意义重大。

(四) 高校突发事件引发大学生心理危机的干预能力现状

1. 高校突发事件引发大学生心理危机的干预能力概况

(1) 高校突发事件大学生心理危机干预能力仍停留在理论研究层面上

通过文献检索和资料梳理，我们发现高校突发事件大学生心理危机干预研究如火如荼，研究成果层出不穷，研究水平也不断提高。内容涉及心理危机干预的全过程，包括心理危机预警机制、预防，心理危机的成因调查，最多的是关于大学生心理危机干预机制或系统建立、干预策略的研究。段鑫星等系统研究了大学生心理危机干预，着重于大学生心理危机的预防与干预体系的建立。主要内容包括：心理危机的基本理论、心理应激源与应对、易感因素、危机预防、自杀干预等。此书既有理论研究，也有精选的案例分析，并提供了心理危机的干预策略，具有较强的可操作性，对高校教师、家长、心理健康工作者及关注大学生心理危机的社会人士有所启迪。这些成果的呈现，在一定程度上证明我国大学生心理危机干预研究受到了重视。①

综合来看这些研究成果，很多研究从理论上构建了大学生心理危机干预对策系统，内容完备，考虑周全，但也存在大量争议：如关于心理危机预警系统，不同研究者从不同角度提出不同的预警方案。黄蓉生以教育为出发点，认为应该建立完善的预警制度、通畅的心理危机预警通道、确立系统的心理危机预警指标体系，即预警级别。陶玉芳认为还要在此基础上建立健全的预警体系，从下到上分为：宿舍、班级、院（系）、心理咨询中心和学校五级。而尧新瑜则强调学生本身的心理素质在预防心理危机中的重要性，提出了认知途径、宣泄途径、运动途径等预防措施。在心理危机干预对策方面也有不同声音。詹启生提出，建立以“心理委员”为基础的危机干预快速反应体系。江立成等认为，建立大学生心理危机处理的“绿色通道”，使各部门都能积极参与进来，最快最经济地处理心理危机。这些研究争议的存在限制了心理危机理论在实践中的指导作用和应用。

通过课题组实际走访、调查和学术会议交流，发现许多高校做心理健康教育工作的教师普遍感到在高校内建立一整套完善的心理危机干预系统非常困难。其中常提到的困难有：一是学校对大学生心理教育的投入不足；二是师资严重不足，限制了工作的开展；三是心理危机本身复杂多变，缺乏科学可靠的干预手段和方法；四是高校内条块分割式管理体制难以实现心理干预多部门多机构的协调运作。

---

① 段鑫星，程婧．大学生心理危机干预[M]．北京：科学出版社，2006．

(2)高校突发事件引发大学生心理危机的干预能力实践上的缺陷

心理危机干预已经发展成为一个包括长期预防、重点预警、应急处置在内的综合性应急管理过程。这表明,心理危机干预工作已经从被动处置转向主动预防,从根本上提高了心理危机的可防性。但是在实际工作中,心理危机干预工作仍然存在着诸多问题,制约着干预的效果。总的来看,当前大学生一般心理问题干预缺失,不能为应急管理提供心理支持。对心理危机的干预和预防缺失,是当前我国高校普遍存在的一个突出问题。具体表现为:

① 心理危机发生前期预防、预警工作不到位。

心理危机的预防预警已经成为危机干预工作的一个不可或缺的重要组成部分。做好预防预警工作能从根本上提高人们的危机"免疫力",使得心理危机能够处于可防、可控的状态,从而大大降低突发事件对人们心理造成的打击和创伤。中国高校传统的行政组织作风,工作效率低下,使得心理危机的预防预警工作浮于表面,并没有切实有效地实施。当前,大多数高校对于心理危机的预防、预警仍不够重视。

首先,心理危机预防重点不突出。培养高校学生具备良好的心理素质是心理危机预防工作的重中之重。有了良好的心理素质,个体在面对危机时才能沉着应对,减少恐慌心理出现的可能性,才能有效避免心理危机。我国高校大多将重点放在了如何有效防止各类突发事件上。虽然这个问题具有其重要性,但是有些突发事件(如自然灾害)是难以预防的。因此,培养学生良好的心理素质应当成为心理危机预防工作的重点。从当前的实际情况看,无论高校本身,还是在校的学生对大学生心理健康教育都没有给予应有的重视,也就不难理解心理危机预防重点不突出的实际了。

其次,预防知识宣传形式单一。当前大多数高校对于心理危机的预防都是以开展心理班会或心理讲座的形式进行,只是一味地对学生灌输各种防范知识,并没有考虑学生的接受程度,也没有组织学生进行实际防灾演练,片面强调理论知识而忽视实践操作。再就是,这种单一的宣传形式,每次只有部分学生能够参加并受益,这与庞大的需求是不成比例的。据调查,有60%的高校学生表示心理咨询有必要，如果有可能的话会去咨询，但最后只有11.9%的学生到学校心理咨询室寻求帮助。这种现状说明学校在心理咨询等方面还有很多工作需要加强。

最后，预警工作得不到有效落实。目前，多数高校虽然建立了心理健康教育三级网络，但是很少开展实际工作，各级网络之间也很少进行沟通交流。辅导员与班级心理委员的工作大多流于形式，不能真实有效地向学校反馈学生心理情况，预警功能无法实现。这些都从根本上阻碍了危机预防预警工作的有效开展。

② 心理危机中期干预：被动、主体单一、忽视对相关人员的干预。

第一，忽视个体能动性，干预极为被动。当前在突发事件引发大学生心理危机后，高校普遍采取被动干预，即在干预中缺乏干预者与危机个体之间的互动和沟通，只注重由外向内的单向危机干预，而不能创造条件让危机个体主动表达出自身的情绪、感受，忽视了危机个体自身的内在动力。内因是事物发展的根本原因，危机个体自身积极配合、能动接受才是干预成功的关键。因此，以干预对象为主体，依靠自我的力量，在干预者等的辅助下积极实现生命价值体验的升华，克服心理危机的过程也是主动自我重塑和价值更新的过程。

第二，干预主体单一。在我国，当大学生出现心理危机后，一般只有学校一方进行干预。大学生大多远离家乡，学校应对他们的身心健康负责，成为心理危机干预的主体。可是从现实来看，虽然学校在大学生心理危机干预中发挥了重大的作用，但是一方的力量毕竟有限，在面对一些重大灾害时，学校就显得力不从心、势单力薄，无法有效应对。因此，家庭和社会也应该成为干预的主体之一。来自家庭的支持、社会的援助，能够帮助学生早日摆脱心理危机，也能让学校在外界力量的支援下快速成功地度过危机。因此，一个完善的心理危机预警和干预系统应该是各方面各司其职，各尽其能的系统工程。

第三，忽视对心理危机个体周围相关人员的干预。目前在大学生心理危机干预的过程中，通常只注重对危机当事人进行干预，而忽略对周围相关人员的干预。心理危机具有传播性或扩散性的特点，可对周围相关人员产生一定的冲击力和影响力。如果这种心理冲击得不到相应处理或外界的有效干预，则可能会造成相关人员的心理创伤。然而，在实际工作中，人们却往往忽略了对这些人的心理危机干预，使突发事件影响更为广泛和深远。

③ 心理危机发生后期评估和跟踪反馈机制缺失。

一个完整的危机干预过程应包括危机前的预防、预警，危机中的应急处理和危机后的干预。危机后干预是心理危机干预不可分割的重要组成部分，是对危机预防、预警和应急处置工作的自然延伸和拓展，是对危机个体的积极关注和干预效果的长期巩固，是构建危机干预长效机制的有益探索。[①] 但是，当前危机后干预现状不容乐观。大多数高校在心理危机干预后期没有继续采取有效行动，对危机个体的后续关注不够，缺乏对危机个体和周围相关人员的心理评估和跟踪反馈机制。心理评估机制是对应急处置阶段心理干预效果的检查，是判断是否需要采取进一步干预措施的依据。同时，通过心理评估机制还可以判断是否需要社会组织的支援，将当事人转介给其他专业机构或专业人员。另外，它也是决定是否要让当事人中止或终止学业以更好地接受治疗的依据。跟踪反馈机制则要求在善后阶段仍然要对危机个体及周围相关人员进行密切关注，并及时反馈有关人员的心理状况，防止心理危机出现反复，以此来巩固应急处置阶段的干预效果。二者都是危机后干预阶段的重要内容，在今后大学生心理危机干预过程中应得到重视且有效执行。

④ 原因简析。

我国高校突发事件大学生心理危机干预能力停留在理论层面，实践上存在严重缺陷的原因主要有以下几个方面：

一是高校心理工作者数量少。在国外，每 1000 名大学生就有一名专职心理辅导员。2011 年调查数据显示，全国大专院校中已有 2/3建立了心理咨询机构，但大多高校从事心理咨询工作的专职教师只有几名，远远达不到 1∶3000 的配备比例。

二是高校心理咨询工作者专业化程度低。有些学校的心理咨询老师甚至没有受过专业培训。

三是很多高校主管学生工作的领导对大学生心理危机干预工作

① 朱美燕.论大学生心理危机的后干预[J].教育评论，2011(1).

不够重视。

四是关于心理危机的评定标准问题。目前学术领域对于心理危机没有统一、科学的标准。一个人情绪紊乱，不一定就处于心理危机状态，如果评定错误就会导致干预失败或造成更大的破坏性影响。

2. 大学生心理危机干预能力现状——以 FY 师范学院为例

近年来，FY 师范学院加大了对在校学生心理危机干预的力度，采取了一系列措施，使大学生心理危机干预能力不断提升。按照危机事件的发展过程将心理危机干预划分为危机前、危机中、危机后三个阶段。下面，从这三个阶段简要介绍该校大学生心理危机干预能力的现状。

(1) 突发事件引发的心理危机干预能力建设

① 突发事件心理危机预防和预警能力建设。

心理危机的预防和预警是大学生心理危机干预工作的重点所在。近几年，FY 师范学院尽可能做到防患于未然，把心理危机消灭在萌芽状态，尽可能减少心理危机的发生率和造成的损失。

第一，重点培养学生良好的心理素质，提高学生自我保护能力。心理危机预防最重要的是要培养学生良好的心理素质，面对突发事件时能够沉着冷静，独立思考，从而正确认识突发危机事件，减少盲目性和从众心理。学校构建了心理危机干预组织机构(图 4-1)，该机构通过严密分工协作，每年通过课堂讲授、讲座宣传，举办心理健康宣传周、大学生 5·25 心理健康文化艺术节、心理健康宣传月、心理剧大赛、心理沙龙等活动普及心理健康知识和技能，并在活动中积极吸引更多的同学参与活动，扩大宣传影响范围。学校还通过发放应对方式和自助手册、心灵书签以及建立以网络、学校广播、手机短信平台、心理咨询预约电话、“心起点”刊物等宣传媒介为一体的心理干预网络，宣传心理健康知识，普及心理危机预防知识及应对策略。同时，还组建了大学生心理委员联合会，积极开展心理委员朋辈辅导活动、心理素质拓展训练活动，使这些活动深入到每个班级，并积极组织朋辈辅导员为有相似问题的同学开展团体心理辅导。

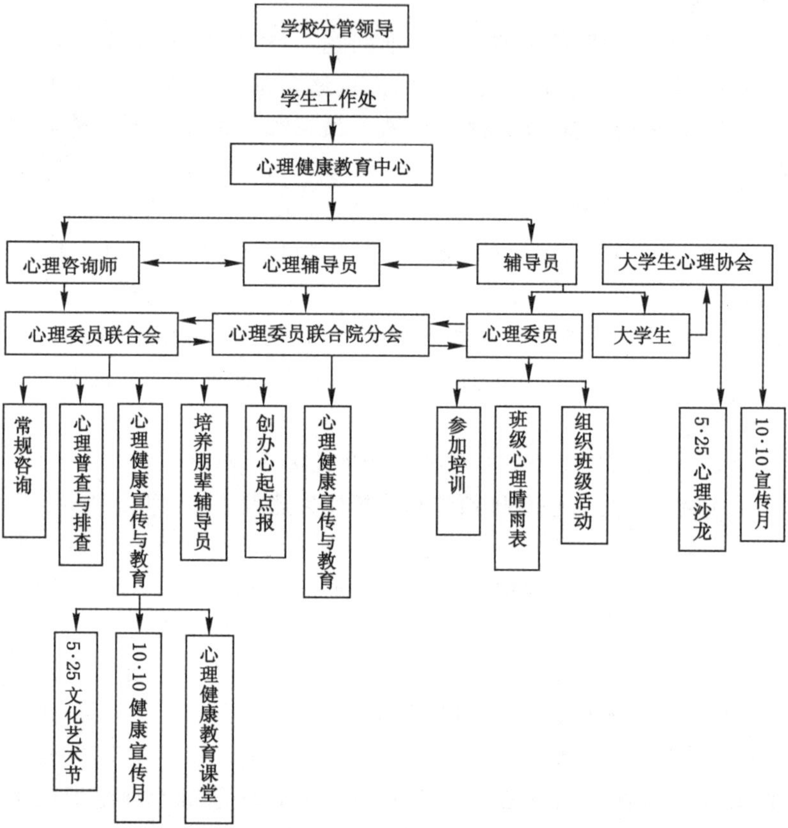


图 4-1 心理危机干预组织机构图

第二，构建心理危机预防和干预的七级网络，落实预警机制。学校已经建立起由学校、院系（学生工作处）、心理健康教育中心、心理咨询师和心理辅导员、心理委员联合会、心理委员联合会分会和班级、心理委员构成的心理健康教育七级网络。各级网络之间明确工作职责，及时沟通联系，保持信息通畅。其中以心理健康教育中心为心理危机预防和干预的功能核心，上级学生处和学校属于领导管理部门主要进行协调组织，心理咨询师和心理辅导员在心理委员联合会的协助下进行日常心理咨询工作、对新生心理健康普查与排查建立心理档案（并对普查中存在问题的学生进一步约谈）、进行心理健康的宣传与教育工作、培训朋辈心理辅导员、出版“心起点”报刊等。心理委员联合会分会及班级组织心理委员配合心理委员联合会的工作并对本班同学心理健康状况进行观测和上报。具体职能和分工详见附录中《FY 师范学院心理健康工作委员会章程(试行)》。通过以上各级网络之间的协同合作,可将心理危机预警通道铺设到学生身边。在此基础上,学校心理健康教育中心积极制定完整的心理危机干预预案(详见附录相关内容)。当有心理危机发生时,可以按其预定的方法、途径和程序处理心理危机事件。并随着新问题的出现不断更新预案内容,随着教师心理咨询技能提高不断更新预案手段等。

② 突发事件心理危机干预能力建设。

首先,打造了一支业务能力较强的心理危机干预队伍。学校非常重视从事心理咨询的教师的进修和培训,心理咨询师只要有机会有时间就可以参加心理咨询技能培训学习,以提高职业技能水平,更好为学生心理健康教育服务。经过近十年的磨炼,学校已经拥有一支技术过硬的心理咨询师队伍,其成员都具有国家二级咨询师资格,研究生学历。

其次,激发调动心理危机个体的能动性,开展积极有效的心理辅导。心理危机发生时期,高校必须迅速展开对学生的心理危机的辅导,但是这种干预必须要在充分调动和激发学生自身主观能动性的基础上进行,这样才能取得事半功倍的效果。通过营造关怀学生的气氛,积极开展个体心理危机干预以及各种心理健康教育活动,帮助学生正确认识突发事件的性质、了解事件对自己心理的影响,鼓励学生发挥自身主观能动性,积极主动、不加掩饰地表达自己内心深处的感受及生活信念,通过实施心理危机干预方案改变和恢复理性认知功能,理智应对突发事件,找到应付心理危机的方式和途径。

最后,加强学校与社会各界的合作,建立友好关系,实现干预主体多元化。相关研究结果发现,社会支持与大学生心理危机脆弱性呈强负相关关系,即社会支持越多,个体的心理危机承受能力越强。来自家庭亲友的关心与支持、学校师生的鼓励、心理工作者的早期介入,这些都可极大缓解心理压力,使其产生被理解感和被支持感。因此,在这一阶段通过建立与社会各界的友好关系,能够让高校在突发事件发生时得到外界的帮助而顺利度过危机。学校在这方面重点进行了以下几项工作：一是经常邀请国内著名心理健康教育专家到学校开展讲座，并聘请周边有一定造诣的心理咨询师为学校心理咨询中心的咨询师。二是学校相关部门积极加强与社会各种非政府组织、舆论媒体、社区等的联系，并同它们保持友好关系，以期在突发事件爆发后能够得到它们更多的支持和帮助。三是积极培训能从事大学生朋辈辅导的心理委员，对同伴进行团体心理辅导活动。因为来自同伴朋友的支持、关心、安慰以及彼此之间的沟通交流也能够帮助当事人彻底摆脱心理危机，修复心理创伤，恢复心理平衡。目前，学校大学生如果发生心理危机，能够获得很强的社会支持力量。

③ 突发事件心理危机善后能力建设。

学校对心理危机个体干预效果的评估机制较为完善。心理评估机制的建立能够帮助检查应急处置阶段心理危机干预的效果。在善后阶段，学校都委托具有一定资质的心理专家，运用心理咨询和测验等方法，发现干预对象内心的真实感受和想法，对其恢复状况进行准确评估。对于评估筛选出的心理仍然处于异常的个体，必须做好跟踪访谈，或考虑将其转介给其他专业机构以接受更好的治疗。

(2) 突发事件心理危机干预能力的不足

① 在大学生心理素质培养方面的不足。

目前，学校还缺乏积极组织大学生进行各种突发事件的模拟演习，如地震逃生演习、火灾演练等，不利于突发事件发生后大学生心理应激状态的平复。只有提高全体师生对突发事件的重视程度，在平时联合所在地区的消防部门、公安部门、疾病监控部门等进行防灾演习，在实际中使大学生学会基本的应对技能，才能在遇到各种突发事件时，做到心中有数，沉着应对，减少突发事件诱发的心理危机的发生。

在大学生心理素质培养方面还缺乏挫折教育。挫折教育的开展可以有效提高大学生的挫折容忍力，促使大学生形成辩证的挫折观，促使挫折向积极的方面转化，形成积极的心理防御机制，从而走出心理困境。学校可以经常组织军训、体能竞赛、劳动锻炼等活动，增强大学生的心理耐挫力。

② 心理危机个体周围相关人员的干预没有受到应有重视。

心理危机个体周围相关人员主要是指存在心理危机的个体的家

属、同伴、同学等与其有密切接触的人群。突发事件爆发后，由于心理危机的扩散性和传播性，这些相关人员的心理在一定程度上遭受了巨大的冲击和创伤。这不仅影响了他们的学习、生活，而且还可能引发一系列的后发障碍，形成心理危机。他们的心理危机还可能会影响并加重原心理危机个体的心病。因此，在心理危机干预阶段，专业心理人员应该及时介入，通过个别咨询尽快帮助他们化解事件造成的冲击和影响。或通过团体心理辅导的方式，将这些受突发事件影响发生相似心理危机的人员分成若干小组进行干预，让小组成员通过团体内的人际交互作用，彼此分享紧张、焦虑等情绪，进而接纳自己的危机反应，并通过观察别人的行为表现来反思自己，考虑自身应对心理危机的方式是否合理，解除心理困扰。这一方面的工作显得非常薄弱，而且没有得到应有的重视。

③ 心理危机干预善后缺乏跟踪反馈机制。

突发事件引发的心理创伤具有很强的隐蔽性、突发性。尽管大部分的应激反应都会随时间推移而减弱甚至消失，但一些较深的心理创伤却有可能受到特殊情境（纪念日、相似场景和事件等）的诱发，使当事人再度陷入心理危机。所以，需要建立起以专业心理人员为主，心理辅导员、心理联合会分会干部、心理委员等共同参与的心理危机个体跟踪与反馈机制。对当事人进行密切关注，及时反馈信息，防止心理危机复发。

在心理危机善后阶段还必须建立对心理危机个体周围相关人员的跟踪反馈机制。由于这些人员在突发事件爆发后心理也遭受了一定程度的创伤，在干预过程中又没有得到应有的重视，心理创伤没有完全修复。因此，应对他们进行跟踪和关注，防止其心理状态恶化，出现心理危机。

④ 家校联系不够紧密，难以获得家庭方面的支持。

家庭是个体的坚强后盾和温馨港湾。在突发事件爆发后，如果当事人能获得家人的支持，伴他一起应对危机，彼此相互支持，则有助于降低产生心理危机的可能性。如果有条件，应定期与学生家长进行沟通交流，如举行家长座谈会、定期让学生更新家庭基本信息等，以方便紧急情况下能及时联系家长。

# 第五章 高校突发事件应急管理能力建设策略

当前，随着高等教育的快速发展以及高校内外部环境的深刻变化，受多种因素的影响，我国高校各类突发事件时有发生，扰乱学校正常的教学、科研和生活秩序，甚至影响社会和谐稳定，引发各界广泛关注。加强应急管理能力建设，有效预防和科学处置各类突发事件，是高校在推进转型发展、科学发展中面临的一项重要而迫切的任务。高校突发事件应急管理能力建设是一项系统工程，其中应急管理主体的自觉主动是前提，应急管理机制的建立健全是关键，应急管理资源的支持支撑是保障。

## 一、基于主体自觉的高校应急管理能力建设

应急管理主体是突发事件应急处置工作的主要实施者，其应急处置工作状态和效率直接取决于高校应急管理能力建设效果。我国高校长期处于相对封闭的环境中，应急管理理念滞后①，应急管理主体危机自觉意识淡薄，主观上没有投入应急管理必要的精力。强化应急管理主体自觉，是要求在高校突发事件中承担预防处置任务的各主体角色，不断强化危机意识，始终保持应急处置自觉，努力提高应急管理能力水平。基于主体自觉的高校应急管理能力建设可以从管理者、师生员工、专家队伍等几个方面入手。

### （一）高校管理者应急管理能力建设

管理者一般处于指挥和协调的地位，对应急管理信息、资源和人员等拥有调配职能，掌控并推动着突发事件监测预警、应急响应和应

① 陶应勇，蒙斌. 高校应急管理体系研究[J]. 南京理工大学学报（社会科学版），2009(6).

急保障等工作有序运转，是突发事件应急处置最为重要的力量。高校管理者应急管理能力建设，应围绕以下方面进行：

1. 强化忧患意识

在应对突发事件的过程中，具有忧患意识是管理者的一种精神动力和管控工作策略所在。正所谓，人无远虑，必有近忧。具有忧患意识，能够让人们认识到，突发事件是一种客观存在的社会现象①。

高校作为特殊的社会单元，其管理者主要的职能是教学科学等工作，长期的惯性思维可能导致其对突发事件认识不清、重视不够，忧患意识缺失。故而，应特别强调重视忧患意识，确保高校管理者在每一项管理工作的决策和实施过程中，都会加强风险评估和隐患排查，从而从源头上消除突发事件。

其一，强化决策成本评估。保持并强化忧患意识，需要高校管理者经常反思和查摆学校教育与管理等工作行为，对每一项决策进行风险成本评估，消除其中可能存在的各种不稳定苗头。在高校强化危机管理，其目的在于帮助高校及其师生及早发现险情，以及在险情中能够有效保护自己，这是以人为本理念的基本要求，也是加强高校危机管理的核心价值。制度伦理化观点认为，学校出现危机事件的根源，是这个看似无可置疑的价值选择“被显性或隐性制度中的其他价值选择遮蔽、削弱和淡化，发生目标转移”②，比如在一些高校，为了节省办学成本和管理经费，在一些事关安全的系统建设和设施配备上，没有达到国家的相关标准，最终酿成了危机突发事故。有些高校考虑自己管理的需要，或者民主集中制原则执行的不坚决，在重大决策的制定和执行上，充分听取师生员工的意见和建议不够，邀请专家进行风险评估预判不够，导致相关政策制度在执行实施的过程中，师生员工一片不满之声、怨恨之言，久而久之必然滋生突发事件。强化决策成本评估，还需要提升利益协调能力，既要最大限度平衡群体之间的利益，也要教育培养师生正确对待利益差别，同时构建更加多元、更加畅通的利益诉求表达渠道，及时舒缓不满情绪，及时化解各种矛盾，防止师生员工采取激进方式来进行利益表达。

---

① 薛澜，等. 危机管理[M]. 北京：清华大学出版社，2003.

② 高洪源. 制度伦理与学校危机管理[J]. 教育科学研究，2003(11).

其二，关注师生主体诉求。强化忧患意识，要求高校管理者在日常管理和危机教育中，要切实尊敬并努力解决师生的主体诉求。对待学生，应把学生的主体诉求和内心感受放在心中，要把有利于学生成长成才放在首位，要根据有利于大学生身心发展的特征，构建学科专业教学内容体系。在教学过程中，要时刻坚持对待个体差异的学生实施因材施教，始终发挥学生在专业学习中的主体性地位，通过教学理念和教育手段的创新，给学生营造宽松、宽广的成长成才空间，同时引导和培育学生树立社会责任意识和风险意识。在关注学生主体诉求的过程中，高校还应加强大学生的信仰教育，大学生信仰危机也是高校突发事件的助燃剂。要加强学校信仰教育和培育体系的建设和完善，通过各种方式，指导学生理解和认同中国特色社会主义理论体系的科学性，坚持理论自信、道路自信和制度自信，在重大问题上保持坚定的立场，不跟风、不冒进，反对个人主义、功利主义、实用主义，防止学生由于价值观的迷失而误入歧途。对教师而言，既要为他们教学科研和生活等方面提供支持和保障，还要加强教师的师德师风建设。强化优质服务能力，坚持为教师的教学科研、学生的成长成才和社会的改革发展服务，以优质的服务水平维护学校和谐稳定。此外，要深入推进学校各项建设，高校大幅扩招之后各方面建设的不到位，是当前高校极易诱发突发事件的重要危险源，管理者要切实加强办学条件、办学内涵和服务设施等有助于改善民生的各项建设，不断增强师生员工对学校的向心力和归属感，从而消除不稳定因素。

其三，畅通意见表达渠道。强化忧患意识，需要畅通的利益诉求表达渠道和机制，让师生员工、社会各界对学校的意见和建议发表出来，学校掌握清楚、做好应对，这是应对突发事件的前端性工作。从公民政治权利这个角度来说，表达诉求、申诉主张是个人参与管理的重要形式。案例表明，在众多影响面较大、危害较大的危机事件中，民众的话语权无法保障，各方面的意愿和心情无法通过正当的途径发泄，是其中重要原因。对管理者而言，他们时常认为，相对自由的利益表达机制，会导致言论上的混乱和舆论引导的困难，会给有效的管理和组织的稳定产生威胁和消极影响。因此，在具体的管理工作中，他们习惯性地出现了“适度”地压制相关言论，以及对其中不和谐、不协调的声音进行封堵删等相关行为，以为这样做，会有利于组织内部的管理、团结和稳定，但结果往往适得其反。在高校的危机管理中也同样如此，师生员工渴望自己的正常诉求有正常的传递渠道，能够被学校的管理者所采纳和吸收，如果这个正当的途径和机制缺乏的话，他们就会自己“创造途径”表达意愿，与学校实现沟通，以引起学校管理者的关注，那么，高校危机事件便孕育而生。因此，高校管理者应当从思想上鼓励和引导师生敢于表达自己的真实想法和需求，通过制度设计搭建传递利益表达平台，畅通表达路径，保障学生的诉求切实传递给相关的职能部门，得到及时和有效的处理。强化舆论引导和媒体应对能力，要加强对校内舆论特别是网络舆情的监控和引导力度，避免因舆论的过分火热而导致突发事件；要善于与社会媒体打交道，媒体报道高校突发事件时的标签选择容易引发舆情泛化①，完善高校新闻发言人等制度，及时准确回应相关信息，抢占舆论先机，避免舆情异化而催生不稳定因素。

2. 落实领导责任

按照我国现行的学校管理体制，学校安全工作实行的是党政主要领导为第一责任人、分管领导为主要责任人的制度。这一领导体制和责任体制，实际上将学校党政主要负责人和分管领导推上了全面负责学校安全工作包括防范校园突发事件的风口浪尖。

其一，主要领导和分管领导要明确责任划分。要深刻认识到，当前，国际形势错综复杂，国内各类改革纵深推进，影响社会和学校安全稳定的各种因素时有发生，维护高校和社会的和谐稳定，是学校领导班子的政治责任，也是自身教学科研等工作稳定开展的实际需要。这种政治责任，是党的执政地位和作用这一客观现实，在维护学校安全稳定工作中的反映，是学校党政主要负责人和分管领导政治觉悟和岗位使命的表现。只有在思想和运动上，明确自己的责任，并积极主动地承担起这个责任，不断增强工作中的自觉性、责任感和使命感，才能主动地谋划学校的安全稳定和危机管理工作。在学校的安全稳定工作中，学校党政主要负责人和分管领导的主要责任是：定期分析国内外、校内外安全稳定工作形势，定期研究和解决学校安全稳

① 蒙丽.高校危机事件中的媒体应对策略分析[J].中南民族大学学报(人文社会科学版),2012(4).

定工作中存在的种种问题，建立和完善学校安全防范工作预案和长效工作体制机制，常态化开展师生员工安全教育和突发事件演练，加强相关应急设施的配置和完善以及各类应急资源的储备建设等方面的责任。明确安全稳定责任后，还要对学校可能面临的安全管理方面的有利和不利条件有清醒的认识和准确的研判。看到有利条件，是为了增强信心，利用好、维护好和谐稳定的社会环境和学校环境，推进教育事业持续健康发展，办好人民满意的教育；认清不利因素，有助于进一步树立危机意识和忧患意识，时刻保持清醒的头脑和谨慎的行为，始终不渝地把维护学校安全稳定放在压倒一切的位置，努力形成一级一级抓、一层一层管的维稳工作格局，切实抓好学校的安全稳定工作，确保学校大局稳定。

其二，主要领导和分管领导要建立责任体系。除学校党政主要负责人和分管领导的管理责任外，还应该包括两大类责任体系。第一类是管理部门和教学单位的责任体系，如学校办公室、学生部门、教学部门、后勤部门、组织部门、宣传部门、保卫部门等部门以及各教学单位，在学校安全稳定维护和危机突发事件预防等校园安全管理等方面的责任。学校应按照“谁主管、谁负责”的原则，建立和完善学校与管理部门、教学单位之间的安全责任制，强化各二级单位党政主要负责人在维护本单位安全稳定上的第一责任人责任，实施安全稳定工作的目标管理和目标考核制度，实施安全稳定包保责任制，签订安全稳定目标责任书，要求各单位切实看好自己的门、管好自己的人，确保学校的安全稳定工作包保横向到边、纵向到底。第二类是岗位的责任体系，即将学校每个岗位特别是关键岗位、风险岗位、特殊岗位的安全责任，界定清晰、逐条细化，分解落实、具体到人，落实到每项工作、每个岗位和每个环节之中，以安全指标和安全责任的形式落实到相关责任人头上，确保安全稳定人人有责任、有指标、有任务，形成安全稳定工作人人想、人人抓，共同确保稳定的良好态势。

其三，主要领导和分管领导要强化责任履行。所谓履行责任，就是要切实担负起第一责任人和主要责任人的工作责任和岗位使命，要将学校安全稳定工作时刻放在心上、抓在手上、提上日程，定期研究、定期分析学校安全稳定所面临的形势，及时分析解决学校安全稳定工作中出现的各种困难和问题；研究制定和不断健全学校突发事件的应急响应和处置预案，切实将学校应急重心提前到事前预防和事中控制上来，努力消减突发事件可能带来的损害；加大经费投入，做好学校安全稳定工作经费预算，分步加强校园安全基础设施建设，深入开展师生员工安全教育和培训，广泛开展安全文明校园创建活动，构建全员负责、人人参与的安全校园建设工作体系等。只要学校党政主要负责人和分管领导认真履行第一责任人和主要负责人的领导责任，实行一岗双责，就能真正把维护学校安全稳定、预防突发事件的各项任务和措施落到实处，就能确保学校的和谐稳定。

3. 健全责任体系

明确责任是加强校园突发事件应急管理的关键。作为高校的管理者，应严格遵循上级有关文件精神和有关要求，按照“谁主管、谁负责，谁在岗、谁负责”的要求，建立健全学校安全稳定应急处置系统和安全稳定管理责任体系。

其一，落实领导主管责任。“谁主管、谁负责”，工作岗位、活动举办、管理辖区的主管方，同时承担该方面的安全管理工作和维护安全稳定的责任。这个“主管”，不仅是指学校分管安全工作的校领导，也包括全校各部门、各单位主管安全工作的党政主要负责同志以及相关安全工作专职人员。“谁主管，谁负责”，是学校安全管理工作的一个最基本的法则，是管理责任中最主要的责任，更是确保学校各项安全责任有效落实的关键所在。主管领导只有增强责任感，强化管理责任，才有可能切实履行自身的安全管理职责，一级抓一级，层层抓落实，确保任务到位、组织到位、责任到位、措施到位，有效防范校园突发事件的发生。而主管领导一旦失职，导致突发事件的发生，就要承担责任，这也是领导主管责任的一个重要内容。

其二，明确岗位管理责任。学校的安全管理和维稳工作，校园突发事件预防和应急处置，不仅仅是校领导、部门领导的责任，学校全体在岗的教职员工都要积极承担起这个责任，都应在自己的教学、科研和管理等行为中，自觉强化意识、主动作为，切实为学校的整体安全稳定工作做出贡献。尤其是与学生接触较为密切的辅导员、班主任、任课老师、学生工作人员、后勤服务人员等，要切实强化安全管理意识，要时刻关注学生的思想动态和行为表现。因为学生的不稳定是学校不稳定的主要诱因。甚至可以说，学生安全了、学生稳定了，学校就完成了安全稳定的90%以上。明确岗位的安全管理责任,将学校的安全管理责任按岗位予以分解,落实到每个人头上,确保处处有人管安全、有人想稳定,还可以将安全稳定的履职情况纳入教职工年度考核之中。只有全员都强化了安全稳定意识,都能在自己的岗位上认真履行其岗位的安全责任,都分析自己的不经意行为能否给学校的安全稳定带来不利的影响,学校才能形成齐抓共管的安全工作网络和校园突发事件快速反应的应急处置体系。

其三,细化日常管理责任。学校日常管理,是安全管理工作中最细微的环节,也是最为重要的环节,同时也是最容易被忽视的环节。很多案例表明,就是因为日常管理中相关人员的失误,而导致一些重大的突发事件爆发。高校突发事件的防范,必须要从加强日常管理着手。每一个具体工作人员要强化日常管理工作中的安全风险意识,要思考自己的工作可能会导致的安全风险和不稳定苗头,切实将自己该负的工作担负好、该做的工作做扎实。对于日常的安全管理责任,同样要坚持"谁主管、谁负责"的领导责任和"谁在岗、谁负责"的岗位责任,确保每一个人都要对自己的岗位安全责任切实承担好。

其四,强化活动管理责任。一般而言,高校每年都会举办一些有众多师生参加的大型集体活动,比如开学典礼、毕业典礼、运动会、文艺演出等活动。这些大型集体活动的举办期间,往往也是学校突发事件最容易爆发的时候,如何对这些活动加强管理,也是学校安全管理的重要内容。大型活动举办期间,也将是危机事件监测的关键时段。加强学校大型活动的管理,要建立健全大型活动举办的申办和审批制度。活动的举办,要建立有相应的安全管理机构,明确主办或承办方以及相关工作人员的安全管理责任,要针对活动的特点制定相应的安全应急处置预案,配备必要的安全防范设施。此外,在活动举办之前,要提前做好各方面的预防准备,对可能出现的诱发突发事件的不稳定因素,要有切实可行的安全应对措施,才能有效避免大型集体活动举办期间各类不稳定事端。

4. 严格责任追究

有责任就要检查责任落实成效,有责任就应该有责任追究。没有严格责任追究制度,会导致不负责任的现象发生,就会导致责任在落实过程中的"虎头蛇尾"现象,让一些重要的责任在一些关键的人身上流失，导致安全管理工作出现漏洞、出现隐患，甚至直接导致突发事件。只有严格执行责任制和责任追究制，才能确保责任人有效执行责任，警示责任人不执行责任会付出代价，从而杜绝一些责任人的玩忽职守、敷衍塞责等现象。同样，学校在加强校园突发事件应急管理体系建设的同时，也应严格建立起与之相对应的责任追究制度，对其中不履行领导责任、教育责任、管理责任、整改责任和预警责任的有关领导和工作人员，进行相应的责任追究。在单位和个人的考核中，加强其安全责任承担情况及其效果考核，并将其作为奖励、晋升中的重要参考指标，对因自己玩忽职守而造成学校巨大损失和影响的，实现一票否决。由于校园突发事件的预防与师生员工的生命财产安全、学校和社会的安全稳定息息相关，因而严格实行校园突发事件防范的责任追究制，有助于学校从第一责任人、主要责任人到全校每个管理岗位的责任人树立“责任重于泰山”的思想，强化责任意识，确保安全稳定的岗位责任得以认真履行、富有成效。

（二）高校师生员工应急管理能力建设

高校师生在依据法律法规享有各种权利的同时，也要依据法律规定履行一些最基本的义务。特别是在紧急状态时期，师生履行的法律义务较平时更有特殊意义。虽然校园突发事件应急管理的主体是学校，但师生是校园最大的群体，他们的状况直接影响着高校的应急管理。且发生突发事件，对其应对是多维的、是需要校内外协同作战的，仅靠学校、仅靠学校管理者是远远不够的。师生员工的危机意识、预防能力和应对水平等，便成为决定学校突发事件应急管理质量的重要因素。

1. 强化师生自我培育意识

在高校突发事件中，师生员工可能会是事件的制造者、影响者或伤害者，甚至会是影响事件有效处置的主要因素，特别是其中的大学生群体，由于年龄、个性和知识储备等因素，他们往往会表现出危机意识淡薄、辨别能力低下、自救能力缺失等特点，在突发事件中更可能成为被动参与者或后果承受者。

其一，主动接受安全教育。对学校组织开展的各种安全教育活动，高校师生要积极主动参加，从中培养强化自己的安全意识、危机意识，培训提升自己的危机预防能力、应急处置能力。对大学生而言，要通过学校方面或学生社团甚至社会方面组织的各种活动，不仅要上好必修或选修的安全教育课程，还要积极主动参加各种安全教育活动，如交通安全教育、消防安全教育、卫生防疫教育、自我防护教育、自我救助教育等。此外，大学生作为社会主流思想意识和社会风尚的传承者和传播者，应从自身着手，加强爱国主义和法治精神锤炼，自觉践行社会主义核心价值体系，加强媒介素养教育，双向培养自己的感性情感和理性思维，从而提高自己的信息甄别能力和价值判断能力，既要在一些大事、要事面前积极关心、正面参与，又要在校园突发事件中保持冷静和清醒的头脑，不跟风、不听谣，在学校的统一安排下，理性参加处置工作，对于社会不法分子和别有用心之人的刻意煽动和引诱，坚守底线、守住法则，提高政治道德素养和法律意识，以理性、成熟的公民意识指导爱国行为，维护社会和国家的根本利益，为突发事件的科学有效处置作出自己积极的努力。对教职工而言，要积极参加学校组织的安全教育培训，使自己熟悉安全规章制度，掌握安全救护常识，能够在保护自我的同时，指导学生预防事故、自救、逃生、紧急避险的方法和手段。在日常的学习和工作中，师生员工要做一个留心的人，主动通过影视、报刊、安全教育手册等多种手段，时刻加强安全知识和自救技能自学。新形势下大学生中不断出现的心理问题以及由此引发的各种危机，越来越成为诱发校园突发事件的重要因素。所谓大学生心理危机，指的是大学生在面对自己或外界突发重大变故时，既无法回避又不能用常规的方法来解决问题，所出现的一种内心紧张情况和心理失衡状态。心理危机干预不同于日常的劝说和安慰，需要专业技术帮助受创者化解负面情绪、走出创伤阴影，逐渐恢复正常的生活状态和心理状态①。高校教师特别是专职学生工作人员，要关爱大学生的成长和心理健康，在日常教学工作中，重视干预学生心理危机，帮助学生化解困惑。在高校，一般都设立有大学生心理危机干预机构，要积极关注、采取措施、提前引导，特别在一些突发事件面前，心理干预的必要性更为突出。只有师生员工都在自我培育中，增强了安全意识，提高了安全防范能力，才能有效地预防校园突发事件的发生。

---

① 漆小萍. 大学生危机事件管理[M]. 广州：中山大学出版社，2007.

其二，主动参与应急演练。定期组织开展由师生员工参与的专项应急演练，是高校危机事件应急预案的重要内容之一，也是提高高校突发事件应急处置能力的重要措施。通过必要的、定期的应急演练，可以切实提高师生员工在突发事件状况下的应急反应、应急自救、相互救助等能力，确保在突发事件来临时，各方面的力量能够迅速响应起来，各项应急工作能快速、高效、有序地进行，最大限度地减轻事件对师生员工生命和财产造成的伤害。参加应急演练，是师生员工强化危机意识，学习应急管理知识和应急处置技能的重要途径。师生员工要积极参加学校组织的各项应急演练活动，比如防地震、防火灾、防意外伤害等。通过演练，可以让师生置身于突发事件爆发的情境之中，从而学会处变不惊、临危不惧，服从指挥、相互配合，积极处理危机。只有在类似实战的应急演练中，师生预防危机的意识和应急管理能力才能进一步增强，突发事件处理能力和应变能力才能得到有效提高。一直以来，部分高校都借口教学科研工作繁忙或者经费不足等原因，而较少开展或根本不开展相关的应急演练活动，使得在突发事件中，师生员工的状态一片混乱，学校的应急处置一团糟，以自己在突发事件中巨大损失为之付出了代价。对此，高校要吸取教训，定期组织开展相关的演练活动。高校进行应急演习前，应制定详细的应急疏散演练实施方案，对演练前的准备、实施和后勤保障工作作出安排，向师生详细说明演习流程及注意事项，做好安全保障工作。演习结束后，领导小组应对演习过程进行总结，及时发现演练中的疏漏和不足，反思学校安全管理等工作，提出改进措施，并列入高校危机应急预案。

2. 引导师生积极参与处置

学校虽然在应对校园突发事件中发挥着主导作用，但并不意味着由学校唱独角戏，学校也不可能包揽所有的应急事务，还应当有全校师生的参与、支持和配合，学校的群团组织和广大师生都可以发挥各自的作用。

其一，积极参与危机预防。防患于未然，处置于未起，是突发事件应急管理的关键所在。成功的处置在于不让突发事件爆发。预防工作开展的如何，决定着突发事件管理能力的高低。强化危机预防，在于尽早地、尽全面地发现不稳定的苗头和可能存在的安全隐患，将一切有可能诱发突发事件的各种苗头消灭在潜伏期、化解于萌芽状态,减少突发事件发生的可能性。在预防工作中,由于师生员工处在学校的各个角落,是一线事件的最早接触者,对一些可能诱发不稳定的因素也是最早感知。因此,他们的预防能力如何,直接影响学校整体预防工作的水平。很多时候,师生是校园各类突发事件的感知者,也是预警的发出者,比如地震、火灾等各类自然灾害发生时;师生还可能是一些突发事件的现场目击者或事件当事人,比如在一些学生聚众、可能发生游行等事件中,或者由于心理等问题而引发的学生自我伤害,以及学生之间互相施暴等事件中。当遭遇或发现突发事件时,师生能否第一时间向学校相关职能部门报告相关信息,将在一定程度上决定和影响着突发事件应急处理的效果和成败。比如,当有学生心理出现问题,在言语和行为上出现异常情况,这就是隐藏的危机,生活在他身边的师生对此最容易察觉。这种情况,一旦发现,应及时报告、及时予以干预,就能够避免可能诱发的突发事件。师生是学校应急管理的主体,学校要想办法调动他们的主动性和积极性,其中一项最为重要的工作,就是要调动并发动他们不断地查找风险、不断地消除风险。而查找岗位风险的主要工作必须依靠岗位员工来完成,也只能由岗位员工自己来完成①。学校师生特别是承担岗位安全责任的教职工,对岗位的安全状况最了解,查找岗位风险可谓得心应手。因此,他们积极参加安全隐患的排查,能有效地从源头上预防安全事故的发生。其他师生积极参与学校组织的或自发进行的排查隐患,既能培养自身的危机意识,又能协助学校及时发现、消除安全隐患。

其二,积极参与事件处置。校园爆发突发事件后,师生一方面要在学校的统一指挥和调配下,积极参加相关的应急处置工作;另一方面,在学校的相关措施未能及时启动之前,自身也可以根据情况力所能及地,自主采取一些有效的应急处置措施。比如,当突发事件发生后,身处事件现场的学校管理人员、教师、学生党员、学生干部应不要回避,积极担当相关处置工作,积极开展临时应急,为学校妥善处理事件赢得时间。教师特别是辅导员群体,是最了解学生各种情况的,

① 邱宝林,谷祖庆.日本企业危机管理管窥[J].中国应急管理,2008(7).

也是学生最为亲切、最可信任的人，所以也能够最早感知在学生中蔓延的各种不稳定苗头。对此，教师要充分利用自己在学生中的威信，以及对于突发事件的感知能力，积极主动，及时汇报，坚守岗位，履行职责，采取必要措施使学生在面对突发事件时处于镇定状态，以等待学校的救助和处置。在应对突发事件的过程中，师生要时刻掌握事件的真实情况，对随意传播的各类信息，要加强鉴别，不轻信谣言，不参与传播发布不真实的信息。要关注学校官方正规发布的相关信息，对社会媒体的相关报道，要关注正规媒体的、有明确来源的信息，不要因为报道的频繁就认为事件发展非常严重。因为有时候报道的频繁只是为了引起人们的重视。另外，公益捐赠也是师生参与应急管理的一种重要形式。师生在校园突发事件发生的时候，捐赠款项和物资，能够解决一些受灾师生的燃眉之急，对学校的应急管理也是一个有益的补充。师生还可利用自身的优势，争取社会资源支持学校的应急管理，以减轻学校的财政压力，降低学校突发事件应急管理的成本。

3. 创新师生参与应急方式

高校教师特别是管理专业的相关教师，他们拥有的关于突发事件预防预警、应急处置和事后恢复等方面的专业知识，在高校开展突发事件预防和处置工作中能够发挥较好的智力支撑作用。作为校园内为数最为众多的群体，大学生在自我教育、自我管理和自我服务上特性，使得在突发事件应对工作中，如何调动大学生社团等学生自我组织的力量，将也是高校突发事件应急管理能力建设的重要内容。

其一，发挥教师理论研究优势。我国对高校突发事件及其应急管理的研究起步较晚，关注人员较少，具有现实指导性的研究成果较少。高校要发挥自己的科研优势，引导相关专业教师加强突发事件及其应急管理研究，要在经费和条件等方面予以支持。高校也可以组织一些专家，专题研究如何根据学校的特点，建立符合学校实际的应急管理组织结构、应急决策体系、处置运行机制、应急保障体系、师生参与机制、信息管理系统等，用理论研究成果来指导应急管理的实践，提高应急处置的科学性和系统性。要加强突发事件前瞻性预防研究，对各类突发事件的生发、演变轨迹进行探索和模拟，对其生存条件、发展环境进行辨识和重现，从而制定不同类别、不同级别事件相应预防和事发后的应对措施。要根据校内外环境的发展变化，针对学校可能引发突发事件的常见而又特殊的问题，定期开展探讨，定期组织排查。要组织对学校突发事件应急管理案例的评析研究，对校园突发事件应急处置成功或失误案例的总结，并进行理论性的概括，必将有助于应急管理成功经验的推动，避免类似事件再次发生。目前高校在教学和科研等方面学术交流活动和研讨活动很多，在校园突发事件频发、多发的情况下，组织开展对校园突发事件应急管理总结、交流和研讨活动，也应提上议事日程。

其二，发挥学生自我组织作用。高校的学生自组织是社会自组织系统的重要组成部分，是高校学生基于共同的兴趣、目标或价值观而自愿参与，自发组建的学生团体。学生组织的平等理念满足了学生主体渴望尊重的需求，提高了学生参与学校和社会生活的热情，更重要的意义在于提供给学生一个正当的参与平台。高校学生组织作为联系学生个体与高校管理者之间的纽带，丰富了学生表达意愿的渠道，在很大程度上缓解了学生与管理人员之间的紧张关系；校园和社会活动的开展，帮助学生完成认知社会、客观评价和重塑自我的心理过程，为以后更好地适应和融入社会奠定基础；对道德文化建设的重视，在规范高校学生组织行为的同时，对大学生的精神文化生活提出了更高的要求，从思想上斩断危机事件的根源。学生组织队伍逐渐呈现的规模化和规范化使其在高校危机管理中的作用愈发不可忽视。如果学校对学生组织加以认真引导，并建立健全参与机制，必将使校园突发事件应急管理工作开展得更加顺利。当突发事件真正到来的时候，学生组织可以协助学校进行应急管理和紧急救助，这也容易得到广大学生的积极响应和配合。

（三）高校专业应急管理队伍建设

在突发事件现场应急处置过程中，专业化的综合救援队伍在危险灾害救助和紧急处置救援等工作中发挥着越来越重要的作用。高校在加强专业应急管理队伍建设时，对专业的保安人员以及针对学生管理的相关专业队伍建设较为关注，但还应进一步加强涉及各领域专业化的应急管理队伍建设。可以分三个层次建立高校专业化的应急管理队伍：

1. 建立健全应急管理专家咨询队伍

专家咨询队伍，一般是由在突发事件应急管理方面既有丰富处置实战经验、又有丰厚应急管理理论的校内外专家组成。为保证突发事件应急处置的专业性和科学性，高校应建立健全应急管理专家咨询队伍，建立健全专家咨询制度，发挥专家学者在高校突发事件预防、处置及恢复等工作中的指导作用。充分利用专家的理论和实践优势，避免学校突发事件处置的随意决策和无规律行动，在信息搜集、分析、专业救助、应急预案编制、演练与评估，决策咨询、事后恢复与评估方面，充分听取专家的意见。此外，加强专家在理论方面的研究与转化，以便更好地指导高校应急管理工作。

2. 建立健全应急管理快速反应队伍

高校要建立由校办公室、保卫处（综合治理办公室）、学生处、团委、宣传部、后勤等职能部门（包含校医院）、各院系相关人员组成的高素质、能够相互配合协调、专业的应急快速反应队伍。学校要加强对这支队伍的应急管理知识的专业培训和技能训练，配备必要的应急处置设施和装备，确保让他们熟悉高校突发事件的类型特点，以及学校应急处置预案的相关内容，具备较为完善的应急救援行动的专业方法与专业技巧，政治素质高、执行力强，能够服务命令、听从指挥，关键时刻能够站得出来，能够打得赢。经过日常的专业培训，确保这支队伍既能在平时日常的防范工作中发挥咨询与培训工作的作用，为学校师生讲解应急方法与技巧，提高师生的危机意识，又能在突发事件发生后，迅速、高效、有序地展开工作，为高校应对突发事件提供强有力保障。

3. 建立健全应急管理基层辅助队伍

高校应急管理基层辅助队伍的组成人员，主要有高校的专兼职辅导员、班主任以及相关的学生工作人员组成。高校的这一批人，是与学生距离最近、对学生最为了解的一个群体，也是相对来说与学生交往最密切的一个群体，能及时捕捉学生的信息，能及时掌握学生第一手的资料，能够准确了解学生的心理状态和感受情绪，能在突发事件发生后起承上启下的作用，能协调学生与学校的关系，引导学生在突发事件中正确行动。高校尤其要充分发挥辅导员等学生工作队伍的特长，加强对大学生的思想政治教育，加强大学生安全教育和自我防护知识教育，走入大学生群体当中去，做好大学生的教育、管理和服务工作，切实考虑学生的真情实感和实际需求，化解学生困惑，帮助解决实际困难，引导学生在突发事件中积极行动、主动作为，把大学生由最大受害群体转变为最为积极的应对力量。因此，高校要加强辅导员队伍专业化、职业化建设，以班主任、辅导员为中心，建立高校突发事件应急管理基层辅助队伍。

## 二、基于机制健全的高校应急管理能力建设

健全且常态运作的应急处置机制是应急管理能力得以贯彻执行的关键。当前，我国许多高校应对突发事件习惯于采用“事后救火”①的处理方式，处理机构松散，处理举措单一，影响事件处置效率和效果。高校要建立一个科学合理、规范有序的应急处理运作机制，把突发事件应急过程中各个环节有机组织起来，实现有效控制事态。根据高校突发事件的特点和应急处理的需要，这一机制主要应该包括监测预警机制、处置运行机制和善后恢复机制。

### （一）健全监测预警机制

社会燃烧理论提出，社会系统从井然有序到杂乱无序，再到爆发突发事件，在形成机理上存在一个由量变到质变的过程。健全的监测预警机制，有助于捕捉突发事件发生前的“第一信号”②，把突发事件带来的损失降低到最低程度，将大多数危机消除在萌芽状态。

#### 1. 危机监测

强化危机监测，最为关键的是要明确危机监测的对象，而对象的确定建立在认真分析、科学研判的基础之上。对于高校来说，强化危机监测，就是要明确可能引发或导致校园突发事件的各种诱因。当前，在高校内部，关注突发事件诱因，尤其要做好一些重要事项和特殊个人的监测。特殊个人，可能会是在学习、生活、心理、就业、恋爱等方面存在困难或困惑的学生，由于社会、家庭、自身以及身边同学等不同原因，让他们面临着困难，内心形成压力。他们是校园内一群

---

① 黄德棋.高校应急体系建设的若干对策[J].集美大学学报，2008(2).

② 陈光.高校突发事件应对策略论[M].北京：光明日报出版社，2011.

特殊群体，他们可能面临经济困难、学习困难、心理障碍、上网成瘾、恋爱及情感问题、就业困难等问题。这些学生往往是心理问题的高发人群，也是校园不稳定事件的重要诱因之一，校园内屡见不鲜的休学、退学乃至自杀、凶杀等恶性事件多与此有关。强化校园危机监测，需要全面把握和细致掌控校园不稳定事件生成、发展、升级、演变等全过程。对此，可以比照校园突发事件的种类以及其生发演变的环境条件，构建一个校园突发事件监测指标体系，并对这些指标（变量）进行度量、监测，把握其发展变化的方向、轨迹和趋势，从而对校园内各种不稳定因素实现全面掌控。如对特殊个人监测的指标选取可包括“个体发展状态、负性情绪、人际关系”等方面。在个体发展状态指标上，主要有学习习惯、技巧、方法、兴趣、成绩，个体人格、气质等特征以及恋爱心态，进一步学习的信心、个体应对挫折的勇气和方法以及对社会的适应能力等内容；在负性情绪指标上，主要有忧郁、焦虑、无聊、空虚、痛苦等内容；在人际关系指标上，主要有人际相处（融洽或紧张）和人际交往（交往适应或交往障碍）等内容。

2. 危机预警

危机预警，是在对可能诱发校园突发事件的各类因素进行监测和风险评估的基础上，依据应急处置预案和突发事件极可能会带来的危害层级、造成的紧急状态以及未来的发展趋势等方面，确定相应的预警级别，依次发布相关的危机信息，同时同步启动相应的响应措施。危机预警的实质，是根据突发事件的不同情况提前采取必要的有针对性的预防措施，以确保事件处置的及时高效。必要的预警不够，是导致突发事件爆发后处置工作跟不上，突发事件短时间内危害较大，造成人员财产损失较大的主要原因。

危机预警的关键，在于对危机信息的分析预测和风险评估，以及在此基础上的应急决策和预防措施采取等，包括危机界定、目标设定、方案选择、人员分工、绩效评估等方面。危机界定是对评估过的事件信息进行科学的界定，确立事件发生的问题实质，该事件发生是属于“常态”还是“非常态”。目标设定，就是要确定突发事件得以解决的一个一个细微而关键的目标，以及最终取得处置全面胜利的最终目标。根据突发事件的具体情况和需要实现的处置目标，选择确定合适的应对工作方案，然后对人财物进行合理分配，实施责任制和责任追究制，再邀请相关专家评估测试应急处置过程中所采取措施及其取得的成效，进而确定其是否为最佳方案。该方案的执行，能否实现在较短的时间内，以较小的工作成本解决相关问题。

就政府应对突发事件的相关机构而言，实施危机预警时，还会根据事件的具体情况和发展态势，分步确定预警的级别，按相应的级别分层发布预警警报。预警级别的划分，可以根据突发事件发生的紧急程度、发展态势和可能造成的危害程度，分为一级、二级、三级和四级，分别用红、橙、黄、蓝色标示。三级、四级警报一般旨在强化日常工作，做好预防、准备等基础工作，是一些强化、预防和警示性的警告。一级、二级警报意味着事件发展的态势到了一触即发的地步，需采取全面有力的防护性、保护性措施。对于高校而言，可以比照建立、对应实施。

进入预警期后，学校相关职能部门要根据危机监测和预警工作需要，建立起预警救助机制。在突发事件到来或发生时，采取切实有效的措施，或消除安全隐患，或组织实施迅速而有序的救助。预警救助的实施，可以包含以下方面：及时向师生发布可能遭受突发事件危害的警告或者劝告；发布应急和防止、减轻突发事件危害的相关常识；将在突发事件中易受到危害的人员和重要财产转移、撤离或疏散；宣布各类应急救援队伍和应急处置人员进入待命状态、随时听候调遣；调集突发事件应急处置所需应急物资和设备，如灭火设施、警务设备、应急照明、急救药品和器材、安全引导和警告标志等；还要确保通讯、交通等公用设施的安全或者正常运行；依据有关法律法规和规章制度的规定，采取更加严格的防范控制措施，防止事态的发生、发展。学校在组织大型的教学、文娱、体育活动时，尤其应该强化预警救助的作用。

(二) 健全处置运行机制

形成一个健全的突发事件应急处置运转机制，主要是要围绕“应急的决策、指挥、协调、沟通、宣传”等方面，加强相应的能力建设，并力求形成运转过程中的合力。

1. 应急决策

在突发事件事态迅速发展演变升级、破坏性逐步扩大的形势下，对其相应的应急处置等工作，应当由前期的潜在状态调整进入实体状态下运行。当应急处置工作全面提上日程后,围绕处置工作最为关键的就是及时而科学地做出一系列处置决策。在应急过程中,如何处置事件、以什么方法进行处置,这都是需要决策。应急决策,就成为当下最为重要的工作,也是一个需要科学研究、慎重对待的问题。应急决定如何做出,其主要根据应当来源于前期做出的预测、预判以及事态发展形势等方面的信息。

在应急决策中,信息的畅通非常重要。由监测部门将突发事件的相关信息上报后,学校一方面自己要做好应急处置,同时要按照一定的程序上报学校主管部门和属地政府以及社会方面。上报信息有利于主管部门和属地政府掌握学校突发事件状况,随时做好各项预警准备,帮助学校开展应急处置,这依然属于信息报告范围。信息报告和信息公开,在突发事件处置工作中处于非常重要的位置,不论突发事件是否需要上级主管部门和属地政府的支持和帮助,也要按照规定和程序将相关情况予以及时上报。在此方面,要打破过去坚持的所谓“报喜不报忧”“内紧外松”的思维模式,坚持严格执行突发事件信息及时报告制度,坚决杜绝出现隐瞒不报、迟缓报告、选择性报告等现象。高校要高度重视,从中汲取深刻的教训,在学校相关的应急处置制度和工作要求中,明确规定信息报告的事项、程度及时限等要求。根据高校目前管理体制的特点,学校信息报送除了主管的省教育厅和国家教育部外,还应同时向当地政府报送相关情况。信息报告可依据事态发展情况,分为初次报告、过程报告、结束报告等不同层面。

2. 应急指挥

“突发性”是突发事件所具有的最显著特点,这一特点要求相应的应对突发事件的处置机构必须在事发之前常态化建立。所以,对高校而言,结合实际,应建立健全党政统一领导指挥、部门院系联动执行、师生齐抓共管的突发事件应急处置领导组织保障工作体系。在学校层面的领导组织保障体系下,还可以根据相关应急工作的实际需求,设立相关的专项工作小组,如办公室、信息组、协调组、控制组、宣传组、保障组、救治组、治理组、监督组等。各个专项工作小组,应制定自己的工作预案,明确工作责任,对应急过程中的人、财和物进行科学配置,确保各个应急工作层面及处置环节环环相扣、有效衔接，使得学校应急处置工作高质高效。各个学院也要根据学校的领导机构和工作网络设置，建立起较为完整的符合本学院实际的预防和应急工作体系。有了从学校到学院一体化的应急指挥网络，就能够确保学校在应对突发事件的过程中，应急反应迅速、应急思路清晰、应急措施得当、应急部署全面。突发事件应急处置中的指挥机构，它以组织权利来明确等级有序的指挥关系，形成清晰的指挥链，实现指令的迅速传递，是应急处置工作取得成功的重要保证。

3. 应急协调

由于突发事件的应急处置是一项系统性较强的工作，需要校内外多个单位和部门共同参与、互相配合，协同应对突发事件。这些单位和部门，可能更多的是校内相关职能部门和教学学院，有些可能还需要主管部门、当地政府、上级政府等单位协调支持的相关应急机构，有些可能还涉及校外的社会援助机构或组织。在实际工作中，这些单位和部门长期封闭运行，特别是高校自身在办学过程中追求独立自主，必然忽视与外界的沟通与联系，造成了本位主义，对外界的依赖和寻求支持的主动性不够，造成了在应对突发事件过程中的孤军作战，严重影响了突发事件应急处置工作的效率和质量。

其一，明确协调责任。高校突发事件应急处置工作领导组织保障体系是学校应急处置工作统一指挥机构，也是学校处置工作的总协调机构。为了方便日常沟通协调工作的顺利开展，还应在这个机构之下，明确一个具体执行单位。一般而言，领导机构下设的办公室（可挂靠校办公室），可以作为学校在应急工作中负责开展校内外沟通协调、请求支援的具体执行机构。在需要争取校外社会应急处置救援组织和当地及上级政府部门的相关应急资源和应急支持时，可由学校应急处置领导小组负责人或有关校领导出面组织协调，同时由领导小组办公室负责具体落实。为帮助协调机构更好地开展协调工作，协调机构或人员应具有一些应急处置的权限，比如信息获取、应急指挥、协助裁决、请求支援等。

其二，强化校内协调。突发事件应急处置是一项涉及面非常广的系统工作，需要调动的可能是学校全部力量和资源，要求校内的所有单位和人员都积极行动起来。由于应急处置工作时间紧、任务重，相关工作头绪较多、难度较大，参加处置的单位和人员比较多样而复杂，相应的工作安排和要求自然要非常明确。若缺乏统一的指挥协调机构，各种资源便难以很好统一起来、协同发挥力量。相对于社会而言，高校很小，只是一个普通的社会单位，但由于高校涉及的人员较多，与社会保持着千丝万缕的联系，一旦突发危机事件，其影响面也非常巨大，其处置也将涉及校内众多的部门协同联系。高校内部各单位、各部门是应急处置工作的主导、主体力量，故而他们的工作状况、协调能力最为关键。一般情况下，当校园突发危机事件时，根据预案的设定，校内负责监测预警的单位以及安全稳定包保责任单位，会在第一时间赶赴事件现场，根据方案积极主动参加处置，随着事态的发展和应急处置工作难度的加大，参加的单位和人员会越来越多。此时，在多个单位、多个人员集体工作、协同作战的状况下，相关应急协调工作要及时开展、充分发挥作用，要按照应急处置预案和事发现场实际情况，对参与应急的单位、人员以及物资作科学的调配，明确哪个部门应当牵头什么工作、哪些人应当开展什么工作、哪些物资应当调配到什么部门，确保每一部门都有合适的牵头负责的工作，每一项具体事项都有人在负责，每一个物资都及时划拨到急需的地方。

其三，密切校外协调。校外协作单位主要有上级主管部门、上级政府和当地政府，而其中的当地政府是密切协作的重点，也是寻求支援最直接的单位。在争取当地政府支持方面，主要需要当地政府协调其所属的司法机关、公安机关、武警部队等单位，消防、供水、供电、通信等部门，以及医疗机构、卫生防疫部门等，参与学校突发事件应急处置，以弥补高校在应急救护设施设备上的不足，在执行应急处置权限上的不足，在人力物力财力上的匮乏等。除紧急情况请求当地政府协调外，在平时的工作中，高校也要做好与这些单位和机构的沟通与交流，增进彼此之间的了解，确保在紧急状态下能够有效地衔接，使得自己全面合理地利用一切可能的应急资源。此外，还可以与这些单位和机构签订应急互动合作协议，确保紧急状态下互相支持与帮助，给予高校全方位的支持和保障，确保在事件发生时密切、高效地联合进行应急处置。在强化校外协作方面，还要及时主动向上级应急机构、上级主管部门汇报事态发展情况，在上级主管部门的指导下开展相关应急工作，必要时请求协作支持，以及协调更大范围应急资源的支援。

4. 应急沟通

在面对突发事件时，高校不能将自己孤立起来，要加强对内对外沟通，特别在一些强制性措施的采取和实施过程中，要努力争取学生、教师、家长以及社会各界的配合和支持。比如在全国共同抗击SARS的工作中，高校由于人员众多，为了防止加剧疫情的传播和蔓延，普遍对校园进行了封闭处理，严格控制师生随意进出。这一强制性举措在绝大多数高校，都获得了学生的理解和支持，但也有少数高校由于有效的沟通工作做得不够，相关配套设施建设不到位，使得一些学生在这期间情绪有所激动、行为有所不理性。面对危机，面对突发事件，不要回避、更不要推辞，这是一种坦诚对待、积极负责的姿态，在直面问题、积极作为的情况下，开展充分的、有效的和平等的沟通，对于安抚情绪、平息事态具有积极的作用。

其一，做好沟通准备。对事件的发生、发展和未来的趋势以及所造成的损失等情况和数据，做好充足的、真实的准备。还要针对不同的沟通对象，科学设计不同的沟通目的、沟通内容、沟通方法、沟通技巧；要对沟通过程中可能出现的各种问题，做出充分的预测和估计，提前做好充分的应对准备；对沟通对象提出的各种问题，坚持正面回应，正面引导，按照动之以情、晓之以理，可分不可聚、可顺不可激的工作原则，坚持安抚稳定情绪、教育有效引导为主，切实认真听取意见、努力解决实际困难、及时化解矛盾，防止事态扩大、影响加倍，以沟通赢得理解、以沟通增进团结、以沟通凝聚力量，确保达到以凝聚力量共同应对突发事件的目的。

其二，选择沟通介质。沟通介质的选取，在沟通工作中非常重要而关键，特别是在突发事件应对过程中，有效的沟通既要全面准确地传达信息，还要确保以沟通鼓劲、以沟通化解情绪。做好信息交流沟通，首先要关注校内师生员工的信息诉求，要积极采用校内的电话、广播、电视、校园网以及移动的通信设施等各种媒介，确保他们第一时间了解事件发展情况；还要广泛借助校外各种媒体平台和媒介形式，做好与社会各界的沟通。此外，校领导特别是主要领导亲临事发现场、应对工作一线，面对面与师生交流、表达学校积极应对的决心和措施以及安抚师生的心情，这是最有效、也是最重要的沟通渠道，也是师生最愿意看到的一种沟通形式。面对面的沟通，关键是彼此之间的平等与真诚，要尽可能替对方着想，学会换位与交心，要讲求沟通的方式与技巧，追求实际的沟通效果，不讲套话，不讲空话，也不讲大话，要简短扼要、直截了当。严禁做无谓的大声叫喊和情绪化表达，这既无助于事件的处置，也无益于心理的抚慰，反而让人感觉不知所措。此外，借助党员干部、师生的骨干力量开展沟通，也是一种有效形式，通过他们可以做到动之以情、晓之以理的沟通，能够真正将沟通做到相关人员的内心深处。

其三，确定沟通重点。科学选取重点沟通的对象，能够发挥沟通对象在宣传学校相关政策措施方面的扩大效应；还能够有效化解个别群体在学校应急工作中的负面影响。重点沟通对象的选取较为困难，关键是要抓住两类人群，一类是积极分子，一类是消极分子。比如事件应急处置中的积极响应者可以作为积极分子，理应成为沟通的重点，通过有效的沟通，发挥其作为示范者的带动力量，进而动员和带动更多可能处于犹豫观望和迟疑不决之中的师生员工。对于那些在突发事件中，不听劝阻、不服引导，坚持己见、坚持错误，或者带头滋生或扩大影响的个别分子，理应是归于消极分子，既要做好沟通劝服，也要抢抓时机，有理有节、依法依规，认真严肃处理，做好合情合理，净化应急处置环境。

5. 应急宣传

一直以来，我国各行各业都认为，突发事件是负面事件，是不宜用来宣传报道的，宣传报道不利于事件的处理，同时也给单位带来不利的影响和不好的形象，甚至会影响单位领导个人的升迁。对于这种思想，在当下是非常要不得的，特别是面对全媒体环境的当下，这种做法往往会适得其反。我们知道，伴随突发事件发生和应急处置工作开展的，就是各种谣言和小道消息的不胫而走。其实，在突发事件爆发后，有关事件信息的及时准确地通报和发布，作为一项应急工作措施，处于非常重要的位置。案例表明，信息发布越及时、越全面、越真实，越能取得民众的理解和支持，越有利用于事态的处理。因为，当突发事件发生后，人们处于应急状态中，人们内心会强烈地表现出一种相对剥夺感，他们渴求了解更多信息。这时，如果缺乏必要的、有效的信息传递渠道，各种传言和谣言就难以避免，而且谣言一旦形成，事后的辟谣要远难于之前的信息真实传递。所以，不要怕宣传报道，只要是真实的报道、有效的宣传，师生以及社会各界会理性接受、准确判断，会全面配合、积极支持。

（三）健全善后恢复机制

突发事件总是会给高校及其师生员工带来一定的有形或无形的伤害，及时实施善后处理，组织开展恢复重建，深入推进解决随突发事件而暴露出的各项问题，开展慰问和心理辅导，安抚受害师生员工，能有效降低事件不良后果。同时，要反思突发事件爆发的原因，总结学校应急处置工作的经验教训，完善学校的相关制度，对相关责任人启动责任追究制，以避免事件的再次发生。最为重要的是，要让校园尽快恢复正常的秩序，确保教学、科研和管理工作正常开展。

1. 组建重建机构

当突发事件得到全面控制或顺利解决后，高校应迅速将恢复重建工作提上日程，将应急工作的重心转到事后恢复上来，以避免次生损失的扩大，尽快使得高校和高校师生回归正常状态。科学有序的恢复重建工作，离不开强有力的恢复重建指挥机构和统一规划的恢复重建方案。相比较于高校突发事件应急指挥领导机构，事后恢复重建领导机构其在人员构成和工作职能等方面将有很大的区别，但依然应该是坚持党委统一领导、行政具体推动、部门协同落实、师生齐心协力的工作格局。恢复重建领导机构，可以根据恢复重建工作的实际需要，灵活设置“办公室、规划组、基建组、资产组、后勤保障组、外联组、医护组、安保组、宣传组、法律援助组、纪检组”等专项工作组织，分块负责恢复重建工作，各个工作组在恢复重建领导机构的统一指挥下开展工作。工作组的组成，特别要注意听取相关危机管理专家的意见和建议，要根据突发事件的类型特点、危害程度以及学校的具体实际而确定，注重吸纳在日常管理和服务工作中处于实践第一线的相关人员参加到恢复重建专项工作组之中。同时，要处理好学校应急处置指挥领导机构与恢复重建领导机构的关系，两者在重建的早期可能会同时存在、协调运行，处于不同机构的工作人员要合理工作分工，避免因工作交叉而混乱。随着处置工作的全部结束，应急处置机构的相关人员要逐步过渡到恢复重建机构中来。恢复重建机构成立之后，恢复重建工作的第一步，是要有一个科学全面的恢复重建工作方案，这个方案应该是统一规划的，应该是充分听取各方面意见和建议的，应该是符合学校实际并适应未来发展的，应该是在专家指导下制定的，以确保今后的恢复重建工作有的放矢。

2. 做好物的重建

在突发事件的爆发和处置过程中，既让学校大量的办学设施受到毁坏，也使学校在长期的办学积淀中所形成的社会声誉受到一定程度的影响。

其一，做好有形的重建。有形的重建，主要是将肉眼看得见的破坏恢复重建。我们知道，伴随突发事件的生发和演变升级，学校的众多设施受到影响，或破坏、或受损、或改变原貌，这是重建工作中比较重的任务，也是需要投入大量的人、财、物的恢复重建工作，同时也是最能抓得住的工作。比如说，突发事件现场的清理、净化和美化；学校教学楼、实验室、学生宿舍等校内各种建筑物的维修和重建；学校及师生员工的各种资产以及各类教学设备的重新购置；各种消防和交通安全设施的改进和重新配备；各种水、电、气供应和通信设施的重新畅通；学校正常的教学、科研和管理秩序的重新回归等方面。

其二，做好无形的重塑。高校在长期的教学科研和社会服务等实践中，所形成的办学声誉、个体品格和社会形象，可能在突发事件中受到不同程度的影响，它们的恢复重建则属于无形重塑的范畴。无形资产破坏起来较为容易、重塑起来较为艰难，它是一个需要日积月累的过程，所以它的恢复重建，也要放到一个相当长的时间内进行。该方面的重建，也是学校最容易被忽视的环节，认为大楼重盖了、设备重置了、环境恢复了，一切就过去了，其实，社会对学校的形象、师生对自我的评价、学校办学的影响力等方面还在遭受突发事件的负面作用，比如新生的招录、毕业生的就业、教师的社会形象、学校的整体评价等。该如何重塑？学校不要回避，要勇担责任，积极从中吸取教训，让社会和师生看到学校的态度；此外，要加强教学和科研工作，努力提高人才培养质量，努力全方面为社会提升服务；要加强自我宣传和推介，着力营造自己良好的形象。

3. 做好人的恢复

突发事件可能会给一些人的身体上或心理上带来不同程度的伤害和创伤。身体上的伤害，特征明显、容易发现，比如身体致残、感染疫情甚至个体伤亡等;心理上的创伤,较为隐蔽、确定较难,主要是由于事件的突发性、破坏性所带来的人的不确定性和恐惧感,以及伴随自己或亲人身体受伤而留下的心理阴影等方面。对受伤个体生理上的恢复,高校一般都较为重视,处置也较为迅速;而对于个体心理上的抚慰,很多高校苦于相关条件的不足,开展起来有点力不从心,所以更多的抚慰以朋友、家庭等无组织状态进行。对个人心理上的抚慰,其实是事后重建、人的恢复环节中最为关键的一环,该环节若处置不好,短期可能不会有什么影响,但长期可能转变为新的突发事件诱发的苗头因素之一。

其一,做好师生身体上的恢复。对因突发事件而生理上受到伤害师生员工的治疗,可以通过密切与校外相关机构的联系,尽可能送到医疗条件较好的医疗机构进行恢复治疗,校内的医疗机构如果条件允许也尽可能地参与进来,根据需要以及自己的实力提供一些早期治疗和后期辅助。在受伤师生治疗康复过程中,学校应当安排一些领导、心理教育引导方面的专家,开展经常性的探望、慰问和安抚,也可以安排亲戚家人或朋友同学陪伴,帮助受伤师生树立自信的信念和乐观的态度,积极配合治疗,争取早日出院。对于受伤师生康复治疗产生的各种医疗费用,学校要挖掘自己的经费潜能努力解决一部分,同时善于通过社会保险、接受社会捐赠等方面予以化解,也要积极向上级部门协调争取相关的专项经费支持。此外,在日常的管理中,高校可以设立师生员工大病自我救助、互相援助基金,形成师生员工在突发变故后相互援助、相互支持的制度。

其二,做好师生心理上的干预。突发事件因其突发性、紧张性和破坏性,必然给相关人员带来一定的具有深入性和持久性的心理伤害。这种心理上的伤害,特别是对于师生而言,若处置不当,其影响是深远的、持久的。特别是对于高校大学生来说,他们是一批正处于成长阶段的人,这些心理上创伤可能会严重影响到他们未来在专业学习、人际交往、走向社会、开展工作甚至家庭生活等方面的行为和表现。突发事件的一些变故和影响,会持续影响他们今后在学生、生活和工作中的应激反应,从而变得更加痛苦。因此,突发事件处置过程中、特别是处置结束后,要通过各种手段对创伤性事件受害人进行心理干预,开展一系列心理疏导活动。

政府层面，要全力支持高校加强自身危机心理干预系统建设，不仅要从政策和制度层面进行必要的规范性要求，提供制度保障；有条件的还要从经费投入和条件保障等方面予以全力支持。高校层面，在日常的教育、管理和服务中，高校应建立健全心理危机干预与疏导机制，积极利用“课堂讲授、专家辅导、团队实践、社团活动、网络咨询”等多种途径和方式，加强大学生心理健康宣传和教育引导工作，还可以开辟师生心理危机咨询干预热线，可 24 小时全天候开通、安排心理专家专人接听，随时化解师生内心困惑。高校还应建立心理危机干预的信息传递和快速响应网络，组建学校心理咨询辅导和危机干预中心，由相关心理学专家、心理咨询师、专职辅导员、学生工作者、党员学生干部等人员参与。

在突发事件过程中或在日常的学习和工作中，当发现学生出现心理危机时，辅导员、班干部、寝室室友或身边的人要迅速上报学校心理咨询辅导和危机干预中心。学校心理咨询辅导和危机干预中心要派人及时赶赴现场处置。现场的处置要按心理危机程度分层进行，对程度较轻的主要依靠学生干部以及同寝室室友，由他们形成监护小组，随时掌控心理危机学生的心理和行为状况，关注其安全，及时向辅导员和学校心理咨询辅导和危机干预中心报告。对于危机程度较高的，要及时采取专业的手段进行处置和干预，在得到当事人或监护人的同意后，必要时可以送请校外相关专业机构进行进一步辅导干预。

4. 明确责任划分

高校突发事件的发生，既有人为的因素，也有偶发的因素；既有社会的因素，也有自然的因素。其中，如果个别人的行为直接导致突发事件爆发或加剧事态发展恶化，或者在事件处置过程中有失职、违法或不当行为，要在认真反省吸取相关教训的基础上，对情节较为严重的，已经触犯相关法律、法规的，坚决移送司法机关予以严肃处理；对情节较轻的相关责任人或工作人员，严格按照学校签订的安全稳定包保责任制和相关规章制度，予以教育批评或相应的党纪政纪处理。

对于高校而言，事件处置结束后，除了对相关责任人进行必要的处理外，在划定责任方面，还要处理好学校与学生之间的关系，特别要妥善处理好两者之间可能会发生的一些责任纠纷。作为学校，既有对学生拥有教育、管理的权力，也有不可推卸的服务和保护的义务。要按照相关法律法规以及上级有关规定，妥善处理好学校与学生在突发事件过程中产生的一些纠纷责任，要对受伤学生的主体、受伤时间、受伤过程、受伤程度等方面做出科学而清晰的界定，积极主动地承担自己应当承担的各种责任。

总之，在突发事件中，不论高校是否应该承担何种责任，或者应该承担多大程度、多大范围的责任，又或者高校完全没有责任，我们认为，出于责任、出于道义、出于使命，高校都应该对在事件中遭受伤害的师生给予足够的热情和耐心，提供最大范围的帮助和支持。高校如果做到这一步，可以让有责任的高校能够及时得到受伤害师生及其亲属的谅解，同时也会大大减少来自于社会各界的批评和责难；对没有责任的高校，其行为必然得到师生及社会各界的大为褒奖，则学校的形象和社会声誉必将会得到更好的维护，这也是化解事件负面影响力的重要举措。

## 三、基于资源支持的高校应急管理能力建设

构建校内必要的应急资源支持支撑体系是提升高校应急管理能力的重要组成部分，对预防和处置各类突发事件具有重要的保障作用。目前，受办学经费、应急理念等因素的影响，我国高校在应急资源建设与储备方面与国外高校比较相对欠缺，应急资源是应急管理能力实施的硬件，高校应充分重视，从应急物资储备、应急设施建设、应急信息平台等方面，加强保障应急管理能力有效执行的支持资源建设。

### （一）做好应急物资保障

应急物资是应对突发事件的重要保障，是保证高校应急处置和实施救援等工作正常开展，满足学校师生员工基本生活需求和恢复重建学校正常教学、生活秩序的物资保障。高校应急管理同样需要人、财、物等资源的坚实保障①。在高校突发事件应对处置过程中，

① 谢一帆，邵泽开．我国高校应急管理的思路与方略探析[J]．兰州学刊，2008(6)．

得力的物资保障机制将发挥着重要的作用，甚至是突发事件应对处置的成败和成效的关键。这里的保障主要包括高校日常危机管理中的经费投入、队伍建设和制度完善等方面。

1. 加强保障经费投入

在高校，日常危机管理的经费问题，一直以来都是个难题。其主要原因在于高校的财政收入不高，而正常的教学科研以及学生管理方面的各项开支较大，使得一些危机意识不强的高校，在该方面的经费投入历史欠账较多，往往是事件爆发后，才后悔经费投入不够，必要的建设不足。对此，我们要高度重视，要科学安排预算，保障必要的危机管理经费投入，同时将学校危机管理的相关建设纳入日常的校园管理和维护工作之中。比如，在师生较为集中的场所、在师生日常活动较为密集的地点，以及在师生可能举办大型仪式和活动的关键时段，应急配备必要的消防设施和安全疏导标识；在校园内不同道路上设置必要的交通安全防护设施，科学划定停车地点，对职工上下班、师生上下课的高峰时刻，有人员分流的应急引导预案；进一步加强校园网络监控和视频监控系统建设，建立集技防、物防和人防于一体的立体防护网络，加强关键时段、关键领域、关键单位的巡逻和监控力度，不断提高学校安全防范等级。

在高校的危机管理中，很少提及应急战略物资储备的问题，其实这在高校应对突发事件工作中的作用非常重要。何为战略物资，是对国计民生和国防具有重要作用的物质资料；那么，应急战略物资，应为应对突发事件的关键性物资，在关键时刻能够发挥决定性作用的物资。高校做好战略性物资储备，可以从高校突发事件的类型着手，区分自然灾害类、公共事件类、交通安全类等，视事件和学校具体情况，力所能及地储备。同时，还要与社会的相关战略物资储备机构保持密切的联系，以确保关键时刻能抓得住、用得上。例如，在抗击甲型 H1N1 流感期间，能否及时为学生提供口罩、尽早发放温度计等等，考验的就是一个学校在战略物资上的储备和调拨能力。如果缺乏必要的战略性应急物资储备作为保障，高校在应对 H1N1 过程中，就不会从容高效。有了这些应急保障物资，不仅能够给高校在应对处置中发挥重要的保障和应急功效，更为重要的是一种情绪上的安抚，给处于惊恐不定之中的师生员工一种有效的心灵慰藉和安抚。

高校在加大危机管理经费投入的同时，政府及社会机构也要通过多种形式，加大对高校的经费支持力度，应建立相应的应急管理专项基金，建立健全应急专项基金启动响应机制，确保高校在突发事件应急处置中有充足的经费保障。此外，高校还应探索多元化的应急经费保障渠道，特别要注重引导和吸收社会保险机构参加校园安全建设和风险承担。比如，江苏省启动相关改革，在全国率先引入社会保障机构承担校园风险制度，安排专项经费，为学校购买学生人身伤害事故校方责任险，一旦学校突发危机事件且造成人员伤害时，将由社会保险机构给予相应的赔偿。此改革的实施，极大地减轻了学校在应对突发事件中的压力，能够保障学校把更多的精力投入学校的教学和管理。由政府主导的来自社会层面的各类校园安全保障，可以最大程度降低高校的危机管理成本，而且对高校的师生员工来说，更是一种心理上的保障，有利于增加高校突发事件应急处置化解工作的信心基础。

2. 加强保障队伍建设

建设一支素质优良、结构合理、具有一定的专业技能、战斗力强、反应迅速的应急保障队伍，也是应急物资保障的重要内容。加强应急保障队伍建设，对高校这个以教学科研为主要任务的单位而言，如何配备、如何运转、如何常态化存在，如何将学校的日常管理和后勤服务等工作有机结合起来，如何将这支队伍隐含于学校行政管理和后勤保障队伍之中，这才是关键。有了应急保障队伍，就能确保突发事件爆发后，有一定的敢于负责的、有一定专业知识和应急处置技能的相关人员赶赴现场，直接面对复杂局面。对这支队伍，要在常态化的情况下、在具体的工作中，分门类和事项加强建设。对安全保卫人员，要定期加强快速反应、快速处置以及相关技能、体能建设；对卫生医疗保健人员，要定期开展相关培训、提高医疗技术和卫生防疫能力；对后勤保障人员，要增强服务意识和水平，不断提高服务保障的质量和层次；对管理人员，要加强教育与培训，提高政治素养，强化规范管理、精细管理和科学管理意识，以及综合协调能力。还要强化应急保障队伍的整体协作能力，要加强日常的快速反应和协同作战演练，确保实现非常态上快速反应、常态保障。另外，事件发生后所需的临时人员，如学生志愿者，可以做一些救济物资发放、安抚受害者等专业性不强的工作[①]。他们的参与，是应急保障队伍的重要补充。

3. 加强应急制度建设

在倡导依法治校的今天，高校学生突发事件的应急管理也应当走法制化道路[②]。和谐社会建设离不开健全的社会法制管理体系。和谐、平安校园的建设同样离不开相应的法律保障和支持，坚持依法办学、依法治校是当前高校和谐发展、平安发展和科学发展的根本保障。各级政府和教育主管部门，要加强高校在应急突发事件方面的相关法律、法规以及相应的管理制度建设，以确保高校在应急处置危机事件中有法可依、有规可循，以避免工作中的极端措施和违规行为。在实际的工作中，由于受各种因素的制约和影响，我国尚未出台真正意义上的有关校园安全的相关法律，相关的规定也是少之又少，造成了高校在应对危机事件中依据不足、底气不足，造成了师生之间、学校与社会之间的相关纠纷，解释不清、处理不明，往往都是以学校的妥协和受损为最终解决办法。长此以往，必然影响高校的整体办学能力和实力。故而，我国应急法制建设的任务还比较艰巨，除国家层面加强指导外，教育行政主管部门要牵头制定符合学校特色和实际的应急管理的相关法律和制度。在该方面，发达国家的相关做法和法制建设走到了前面，能够给我们提供较好的思路和成熟的做法。比如，为防止校园突发事件，保障师生员工的权益，韩国颁布实施了有关预防学校安全事故及补偿法律；在美国，制定实施有校园禁枪法、改善校园环境法等，日本有学校教育法。对这些成熟的法律和相关好的经验和做法，我们要加强学习，建立和完善符合我国高校实际的相关应急管理的法制体系，进一步规范高校的应急管理行为，有效理顺应急管理中高校与政府、高校与社会、学校与师生之间的相互责权关系，全面指导和规范校园的应急管理工作，为高校突发事件应急处置提供强有力的法律保障。

（二）强化应急设施建设

随着我国对高等教育投入的不断加大，高校办学硬件条件得到进一步改善，特别是新校区的建设与投入使用，校园内现代化的设施

---

① 刘果，程雄杰. 浅谈加强高校后勤保障工作的对策文节[J]. 商情，2011(14).

② 施雪华，刘耀东. 中国高校应急管理的意义、问题与对策[J]. 新视野，2011(2).

逐步健全，各类安全警示设施和监控网络建设明显加强。但从近年来高校突发事件案例分析来看，高校学生宿舍、实验室等区域的安全设施建设相对而言还比较薄弱，校内网络论坛等虚拟社区的安全设施建设存在不足。一些大型或专业的安全设施受资金等方面限制，在部分高校一时还难以采购到位，制约了高校对突发事件的应急处置能力。

在开展应急处置救援和恢复重建等工作中，相关设备、装备的储备也是必不可少的条件。为保障应急管理工作的科学、高效进行，高校可以根据国家的有关标准和要求，结合自身的条件和实际，配备一定标准和数量的应急设施和装备。应急装备的配备应根据高校突发事件的特点和类型，分轻重缓急，分批次、分重点，予以配备建设、逐步到位。高校应急装备的配备要特别注意功能，讲求实际效果，符合高校特色，立足满足基本需要，特殊装备要实行专人保管、领用使用登记制度，确保装备随时处于待命状况，能够在突发事件中迅速投入战斗、发挥作用。

1. 基本装备

基本装备，针对不同的应急主体的特点和实际，有不同的配备标准，一般是指满足突发事件应急处置和实施救援等工作基本需要的工具装备。

其一，通信工具。突发事件处置中，信息的交流和指令的下达，都离不开必要的相关通讯装备。特别是在紧急状态下，有可能造成正常状态下的通讯装备的损坏或失去作用。相关的应急通讯装备的配备是必不可少的。根据实际应急工作的需求，一般按照有线和无线两类配备相应的通讯装备，具体救援工作中两者通常配合交替使用。移动电话和车载广播在应急通讯中较为常用；对讲机适合近距离、小范围、有针对性地交流，使用方便、成本较低，在应急处置工作中也较为常见；传真机能够真实而详细地传递事件现场及应急处置的现实资料，其广泛应用缩短了高校处置事件的时空范围，能够实现上级部门和专家的远程指挥协助，以确保紧急状态下的沟通和信息传递的畅通并及时高效。

其二，交通工具。突发事件的爆发具有突发性、其破坏具有扩散性等特点，对其必然要求快速反应，因此良好的交通工具是快速处置、快速救援的重要保证。在国外,直升机和救援专用飞机已经成为应急救援中心的常用运输工具,在救援行动中配合使用,提高救援行动的快速机动能力。交通工具配备视情况而定。一般情况下,高校的快速反应更多还是依靠社会的力量和相关设施,比如洗车、火车、轮船、飞机等。当然,对一些校园面积较大、师生员工人数较多的高校,为了强化对校园的安全监管、做好常态化的校园安全隐患排查和处置,提高自己安全保卫队伍的快速应急能力,不少高校都配备有自己的校园 110 汽车等。

2. 专用装备

所谓专用装备,主要指各专业救援队伍所用的专用工具或物品。对于高校而言,相关专用应急处置和救援工具,可以有侦测工具、医疗工具、防护工具等。侦测工具,可以帮助高校对食品、水源以及空气中的成分进行分析,及时检测可能存在的有害物质及其成分和浓度,以及对在突发事件中遭受掩埋的生命体进行探测等。医疗工具,主要针对群体性的身体伤残、疫情扩散,配备一些应急药品,比如常见的消炎药、特殊的解毒药品以及广普意义上的医疗器械等。对于防护工具,由于突发事件的破坏性,致使对其的应急处置必要存在一定的风险性,可以针对突发自然灾害类、公共事件类、危险品及疫情传播类等不同事件的特点,选择性装备一些如防火、防水、防晒、防冻、防群体聚集等器械,以及针对危险品和传播疫情的防毒、防传染等工具。以上各类基本或专业装备的选备,相关高校可以根据情况、力所能及地进行,更多的情况还应充分借助社会和政府的协助。

(三)建设应急信息平台

应急信息平台建设在于保障危机信息交流畅通、应急指令传达及时。当前,信息化建设不断加快,信息资源的准确性、信息传递的及时性,对于应急管理工作起着关键甚至决定性的作用,也是高校加强应急管理能力建设中重要的基础性建设。高校拥有的现代化通信设备数量及质量,高校师生员工对现代传播工具及其使用各类信息平台的实际应用水平,均位居社会其他组织的前列。高校可以充分利用这一优势,建立一个涉及通信工具保障、网络信息保障,形成现场公共通讯与应急通讯结合,虚拟应急专用通讯网与现场指挥通讯网和互联网相互补充支持的综合网络,使得应急预警、报警、警报、报告、指挥等活动有一个快速、通畅的信息交流平台。在确保应急信息畅通的同时，还要加强应急信息管理。应急信息管理，是高校突发事件应急管理的重要内容，也是应急管理工作的难点之一①，高校要按照信息主导和信息公开的原则，做好应急信息的及时发布和舆论引导，防止各类不实消息传播、泛滥，掌握应急管理工作的主导权。

1. 信息收集网络

信息的及时、准确传递对于有效应对校园突发事件在信息社会中的作用越来越重要。校内应急信息的传递渠道主要包括报警电话、网络。作为应急处理的信息共享，信息收集网络建设应从整合校内应急信息传递与处理渠道着手，无论通过哪个渠道传递，最终归学校信息收集网络进行调度和处理，其目的就是要解决信息分散、处理效率低的问题。

学校应该通过多种途径收集各类危机风险信息，要分单位、分班级、分群体、分区域设立兼职信息报告员。信息报告员应拥有收集各方面信息的权利，同时承担及时向相关部门报告信息的义务，学校要为信息报告员全面准确地收集各类信息，提供各种便利和支持。学校要在分散于校园各处的信息报告员的基础上，利用网络、电话等渠道以及定期联络等制度，建立起自己的信息收集和汇总分析体系，比如建立健全班级管理、寝室管理等日志制度，建立健全信息报告员、学生干部以及相关人员定期交流和研讨会议制度，建立健全学校与学生家长有效沟通渠道和机制，建立健全部门之间危机信息共享制度，建立健全针对网络等特殊领域以及一些特殊时段的信息监测制度。当下，在全媒体时代，人们思想观念的日趋多元，信息的交流传递渠道的日趋多样，高校作为思想文化交锋和知识分子集聚之所，尤其要密切关注互联网上的信息，特别是依托网络建立的各种论坛和交流渠道。

对从各方面收集汇总上来的各种信息，只有经过系统的整理、分析研究，才能准确把握信息的真实内涵，学校要组织相关部门进行分析、会商和评估，必要时组织专门技术人员、专家学者进行会商，对发生突发事件的可能性及其可能造成的影响进行评估。对信息的整理

① 丁烈云，杨新起. 校园突发事件应急管理[M]. 武汉：华中师范大学出版社，2009.

首先要注意对其真实性的鉴别，其次是信息的分门归类，以及相关信息档案的建立和管理。

2. 信息监测网络

当前，网络非常发达，大学生的网络生存多样化，网络行为非常活跃。网络对大学生的影响非常巨大，改变了大学生们的思维模式、表达方式和行为方式，也是各种不稳定因素的滋生地。根据一项针对北京地区 12 所高校大学生网络行为的问卷调查，大学生平均每天上网时间超过 2 个小时的达到 30%，网络在大学生获取信息、开展人际交流等方面发挥着重要的作用。调查表明，大学生主体自由、思想活跃，他们热衷于借助网络平台关注社会改革和发展动向，参与社会管理，表达个人意愿和诉求。

大学生的网络行为及其产生的网络舆情，已成为高校危机管理中重点监测的领域之一。不过，在调查中发现，大学生自己创设话题较少，围观和跟帖较多。由此可见，网络舆情的制造主体是少数学生，大部分学生作为受到间接影响的旁观者存在。① 大学生在网络上对某个议题的持续围观和持续回帖，会引起各方面的联动，形成思想上的交锋，进而引发更大范围人群的关注和情感注入，甚至刺激相关网络活跃者由网络走向现实，发动相关现实行动。很多安全事件表明，持续发酵的网络舆情会引发或加剧突发事件。高校在应对突发事件过程中，相关权威信息发布的不及时和不全面，也为网络虚假信息传播提供了空间，加速事件进一步恶化，不利于危机事件的有效解决。

高校应重视校园网络建设，加强网络信息管理，创新开展网络舆情引导工作，不断加强大学生媒介素养教育，不断提升校园网络平台的文明、绿色程度，善于借助校园 BBS、微博等信息交流平台，及时发布权威信息，开展与学生的交流互动，密切关注学生思想动态，掌握学校各类舆情发生发展主动权，始终“保持一个权威的、主流的声

---

① 唐亚阳. 中国教育系统网络舆情年度报告(2010)[M]. 湖南：湖南大学出版社，2001 .

音"[1]占据舆情信息制高点。高校应根据实际，加快高校新闻发言人制度建设，有利于高校内部管理建设，营造和谐环境；有利于高校树立外部形象，维护社会声誉；有利于促进校务公开，接受社会和舆论监督。

3. 信息共享平台

其一，建立信息档案。根据高校突发事件的类型与特点，建立高校突发事件案例档案。要做好本校突发事件爆发、处置和恢复等相关工作的总结和分析，形成专门的档案；同时还要对国内外高校相关突发事件案例的收集和整理做好分析。此举措可以帮助我们从案例中获知自己处置工作得失、他人经验教育，进而丰富自我应急管理知识储备，是高校加强应急管理能力建设的重要内容。对收集上来的各方面的案例材料，要建立专门的档案制度，定期予以更新，还要定期组织人员分析和研讨，以总结完善学校的相关应急管理体系和制度。对这些案例的分析和学习，可以按照两个环节进行，一是开展个案学习，二是组织总体研讨。开展个案学习，指的是对某个具体案例的生发、处置、恢复等过程进行总结，对其造成的影响和后果进行反思。而总体学习，则是将收集起来的校内外、国内外的各种案件，分类归建，对比研究，对照分析，总体研讨，从中提炼出关于突发事件全过程的、成熟的、共同的管理举措和应对举措，进而全面改善学校应急管理工作。目前，我国高校对个案学习相对比较注重，薄弱环节在于各类突发事件案件的收集不全面、不及时，缺乏具体措施和专人负责，相应的总体学习环节也较为不足。因此，学校应当专门建立校园突发事件信息与学习平台，集中收集整理校园突发事件的文件、总结报告、案例分析、相关信息等内容，定期组织相关分析、研讨和学习，从而提高预防与处置突发事件的经验与技能。

其二，危机信息共享。高校将自己在危机管理方面的信息和知识，在高校与高校之间、高校与社会之间，借助网络等传播平台，实施共享和共建，有利于进一步提升高校应对危机的整体能力，实施高校突发事件治理模式的全面融合、整合和创新，加快推动高校危机应对

---

① 人民网舆情监测室. 如何应对网络舆情：网络舆情分析师手册[M]. 北京：新华出版社，2011 .

的规模化程度，提供给高校更为丰富的危机事件预防和应对思路，同时为培育更加完善的高校危机应急联动系统奠定坚实的基础。高校自身面对危机事件的处理能力固然对危机事件造成的最终危害成果有重要影响，这也是政府和高校应高度重视危机预警和应对能力建设的根本原因。与此同时，面对危机事件时的校际帮扶也是减少危机损害程度的重要途径。高校间的危机帮扶以完善的危机信息共享平台为基础，加强高校间的信息和资源流通，为危机的应对工作创造更强大的救助力量。

其三，推动交流合作。不断爆发的各种突发事件，其诱因不断更新、类型也不断变化、后果日益增大，故而学校的危机管理和应急处置等方面的知识和能力，也要根据形势变化做好及时更新。推进交流与合作，可以打破高校的单一视野，拓展危机管理理念和方式。对于高校，开展危机管理方面的交流与合作，可以结合学科专业建设和干部管理培训，从一线教师和学校管理者两个层面同步进行。对于教师，应围绕相关学科的建设、专业的发展和人才培养的需要，加强相关危机管理方面学科专业知识的更新，同时也为学校今后的危机管理提供智力支持；对于管理者，通过交流与合作，进一步更新危机管理的理念、知识，强化危机管理的意识，拓宽危机管理的思维和方式。交流可以发生在校际，也可以是高校与政府及社会团体之间的学习和磋商。高校还应积极创造条件，借鉴国外高校先进的危机管理经验，增强高校国际学术交流。教育主管部门应积极配合并提供必要的政策及资源支持，减少高校间互访的障碍，鼓励高校之间进行多方式实质性的交流与合作。

# 附　　录

## 高校突发事件应急管理效能教职工满意度调查表

填写日期：　　年　月　日

为了提高高校教职员工的工作积极性，完善高校各方面管理制度，并进一步提高高校应对突发事件应急管理的效能，现对高校教职员工进行此次不记名问卷调查，希望大家从高校、学生及自身的利益出发，积极给予配合，认真、翔实地填写该问卷调查表。同时为耽误您的工作时间表示歉意！

### 第一部分　教职工基本信息调查

1. 性别

　A. 男　B. 女

2. 年龄

　A. 20～30岁　B. 31～40岁　C. 41～50岁　D. 50岁以上

3. 在校参加工作的时间

　A. 1～5个月　B. 6个月～1年　C. 1～3年　D. 4～10年
　E. 10年以上

4. 本人的最高学历

　A. 大专　B. 本科　C. 硕士　D. 博士　E. 其他

5. 在校的职称

　A. 教授　B. 副教授　C. 讲师　D. 助理　E. 其他

### 第二部分　主题内容调查

1. 你对学校突发事件应急的宣传和教育是否满意？

A　满意　　B　基本满意　　C　不满意

2. 学校是否经常组织和进行突发事件应急演习?

A. 经常　　B. 有时组织　　C. 不经常　　D. 从来没有

3. 你对各种突发事件的应急措施是否了解?

A. 了解　　B. 一般　　C. 不太了解　　D. 一点都不了解

4. 你对学校内的各种预警设备是否满意?

A. 满意　　B. 基本满意　　C. 不满意

5. 学校是否经常对校内安全隐患进行排查?

A. 经常　　B. 有时组织　　C. 不经常　　D. 从来没有

6. 你对学校的各种警示标语是否满意?

A. 满意　　B. 基本满意　　C. 不满意

7. 你对学校内的组织机构是否了解?

A. 了解　　B. 一般　　C. 不太了解　　D. 一点都不了解

8. 学校是否进行过突发事件应急管理相关人员的培训?

A. 进行过　　B. 听说进行过　　C. 不太了解　　D. 从来没有

9. 根据你的了解,学校是否有专项应急经费?

A. 了解　　B. 一般　　C. 不太了解　　D. 一点都不了解

10. 根据你的了解,学校是否有专项应急物资储备室?

A. 了解　　B. 一般　　C. 不太了解　　D. 一点都不了解

11. 你对学校组织活动的组织能力是否满意?

A. 满意　　B. 基本满意　　C. 不满意

12. 学校是否发生过突发事件?(若此题为D,则13～20题不选)

A. 经常　　B. 发生过　　C. 基本没有　　D. 从来没有

13. 你对学校处理突发事件的决策是否满意?

A. 满意　　B. 基本满意　　C. 不满意

14. 学校在发生突发事件时,你对学校组织领导的紧急决策是否满意?

A. 满意　　B. 基本满意　　C. 不满意

15. 学校在发生突发事件时,你对学校处理突发事件势态和动态是否了解?

A. 了解　　B. 一般　　C. 不太了解　　D. 一点都不了解

16. 学校在发生突发事件时,你对学校的救援及伤员安置是否满意?

A. 满意　　B. 基本满意　　C. 不满意

17. 学校在发生突发事件时，你对学校处理事发现场的措施是否满意？

A. 满意　　B. 基本满意　　C. 不满意

18. 学校在发生突发事件时，你对学校各部门之间的协调配合情况是否满意？

A. 满意　　B. 基本满意　　C. 不满意

19. 学校在发生突发事件时，你对学校相关工作人员处理现场情况是否满意？

A. 满意　　B. 基本满意　　C. 不满意

20. 学校在发生突发事件时，你对学校就突发事件的调查结果是否满意？

A. 满意　　B. 基本满意　　C. 不满意

21. 你认为学校是否应当严肃突发事件责任人的追究和处置？

A. 必须追究 B. 可以追究　　C. 视情况而定　D. 不应该追究

22. 你认为当前校园的安全、秩序如何？

A. 很好　　B. 一般　　C. 不好　　D. 很差

23. 学校是否设有突发事件相关心理支持咨询师？

A. 有　　B. 听说过　　C. 没有

24. 你对学校组织领导解决紧急事件的结果是否满意？

A. 满意　　B. 基本满意　　C. 不满意

## 第三部分　工作生活满意度调查

1. 对本高校的制度建设、工作规划和教学安排是否满意？

A. 满意　　B. 基本满意　　C. 不满意

2. 对在高校从事工作的社会地位是否满意？

A. 满意　　B. 基本满意　　C. 不满意

3. 对在高校工作中自我能力和潜力的发挥是否满意？

A. 满意　　B. 基本满意　　C. 不满意

4. 与高校同事之间是否气氛融洽，和睦友善？

A. 是　　B. 基本是　　C. 不是

5. 你对目前高校的工作自然环境是否满意？

A. 满意　　B. 基本满意　　C. 不满意

6. 你对目前工作的紧迫感和挑战性是否满意?

A. 满意　　B. 基本满意　　C. 不满意

7. 你对在高校工作对发挥自己的能力特长是否满意?

A. 满意　　B. 基本满意　　C. 不满意

8. 目前的工作成绩,对于领导同事的评价是否满意?

A. 满意　　B. 基本满意　　C. 不满意

9. 你对目前高校的薪酬是否满意?

A. 满意　　B. 基本满意　　C. 不满意

10. 你对学校与学生之间的沟通交流是否满意?

A. 满意　　B. 基本满意　　C. 不满意

11. 你对当前学生的日常行为习惯是否满意?

A. 满意　　B. 基本满意　　C. 不满意

12. 据你了解的情况,你认为目前学生对学校的生活和人文环境是否满意?

A. 满意　　B. 基本满意　　C. 不满意

非常感谢你完成这份问卷调查表!

不知你是否有一些我们未在调查表中列出的观点需要表达,如果有,请把它提交给我们,再次感谢你的真诚合作!

# 高校突发事件应急管理能力问卷

尊敬的各位领导，大家好！下面是一系列关于高校突发事件应急管理的描述，依据下列描述，结合您所在院校实际情况进行判断，如果您所在院校实际与描述“完全符合”，请在题目前括号内填“3”，如果“大致上符合”就填“2”，“1”表示急需加强、改进，“$N_1$”表示没有实施，“$N_2$”表示对情况不了解。本问卷结果作科学研究之用，请您如实填写。

(　　)1. 您所在院校各级领导大多具有“突发事件应急管理，重在预防的意识”。

(　　)2. 您所在院校在突发事件应急管理中能够遵守“生命高于一切的原则”。

(　　)3. 您所在院校非常重视突发事件应对训练。

(　　)4. 你所在院校重视平时的师生心理咨询、心理治疗，能将许多危机化解在萌芽状态。

(　　)5. 您所在院校每年定期(或不定期)举行年度突发事件应急管理小组会议。

(　　)6. 您所在院校每年都有人员参加突发事件应急管理方面的国际经验交流会议。

(　　)7. 您所在院校经常进行关于突发事件应急管理的思想政治教育与及法制法规教育。

(　　)8. 您所在院校对突发事件预防有相应的校规校纪规定。

(　　)9. 您所在院校对突发事件的含义有自己的理解和规定。

(　　)10. 您所在院校对突发事件应急管理的含义有自己理解和规定。

(　　)11. 您所在院校每学期都要进行多次安全教育宣传。

(　　)12. 您所在院校每学期的安全教育宣传面较广泛，且效果较好。

(　　)13. 您所在院校在突发事件应急管理中管理人员及教师责任都从行政、民事、刑事等方面明确规定，强化了教职工的责任意识。

(　　)14. 您所在院校每年都要进行“突发事件校园通信系统”年检。

(　　)15. 您所在院校具有“识别可能存在危险事件的程序”。

(　　)16. 您所在院校每年都要进行火警系统年检。

(　　)17. 您所在院校每年都要进行“突发事件报告系统”检查。

(　　)18. 您所在院校的安全保卫人员和管理人员能够注意从日常学校检查、学生意见、教师反映、学生事件、社会反应中发现问题，见一叶而知秋。

(　　)19. 您所在院校建立有预警与分级处理突发事件的标准，并能按标准进行分级响应。

(　　)20. 您所在院校能积极宣传并传授突发事件防护手段与自救助技能，减少突发事件发生时学生伤害。

(　　)21. 您所在院校建立有心理危机预警机制。

(　　)22. 您所在院校制定的应急预案是完备的。

(　　)23. 您所在院校制定的应急预案是可执行的。

(　　)24. 您所在院校制定的应急预案每年都进行动态补充和完善。

(　　)25. 您所在院校应急预案每学期都要演练 1～2 次，甚至更多。

(　　)26. 您所在院校应急预案演练总能达到预期效果。

多项选择题(依 26 题答案情况作答)：27. 您所在院校应急预案演练没能达到预期效果，其中的原因可能是：

□人员到位情况不佳　　□物资准备不充分

□协调组织不顺畅　　□支援部门支持不利

(　　)28. 您所在院校制定有师生疏散计划并多次进行过演练。

(　　)29. 您所在院校制定有校园突发事件响应预案并进行过多次演练。

(　　)30. 您所在院校制定有爆炸物恐吓应对方案并进行过多次演练。

(　　)31. 您所在院校制定有突发事件中课程设置应对计划。

(　　)32. 您所在院校制定有突发事件中偶然性故意破坏的预防计划。

多项选择题:33. 您所在院校应急预案的演练形式多采用:

□实际演练　　□桌面演练

□提问讨论方式演练　　□全部预案演练

□部分预案演练

(　　)34. 您所在院校制定有"突发事件中各种信息发布的确定办法"。

(　　)35. 您所在院校建立有危急中与学校职工的通讯方式。

(　　)36. 您所在院校制定有突发事件中信息发布的程序。

(　　)37. 您所在院校指派有校园突发事件媒体发言人。

(　　)38. 您所在院校制定有校园突发事件中信息共享的方法。

(　　)39. 您所在院校建立有突发事件中师生去处登记系统。

(　　)40. 您所在院校建立有高效的信息收集、整理,危机识别,预警信息通道,保证突发事件信息能够及时上报给突发事件应急管理最高层。

(　　)41. 您所在院校建立有突发事件上报机制:免报级别,上报级别与相应时限。

(　　)42. 您所在院校有明确的各类突发事件管理牵头人。

(　　)43. 您所在院校设有"战斗力"强的突发事件应急管理小组。

(　　)44. 您所在院校制定有突发事件小组成员的培训计划并按计划实施。

(　　)45. 您所在院校有协助处置校园突发事件的相关"功能部门",如校医院、保卫处等。

(　　)46. 您所在院校设立有突发事件应急管理指挥中心。

(　　)47. 您所在院校组建了突发事件处置的专业救援队伍。

(　　)48. 您所在院校有突发事件处置的志愿者群体。

(　　)49. 您所在院校对突发事件处置人员专业素质进行过多人次培训。

(　　)50. 您所在院校设有可供公安局使用的建筑物(楼层)计

划清单。

(　　)51. 您所在院校有可供消防队使用的建筑物(楼层)计划清单。

(　　)52. 您所在院校设有与学生家长的会面地点。

(　　)53. 您所在院校有学生备用场地。

(　　)54. 您所在院校有辅助突发事件应急管理的各类表格。

(　　)55. 您所在院校有突发事件紧急应对电话号码表。

(　　)56. 您所在院校有充足的突发事件处置的工具包。

(　　)57. 您所在院校有校园突发事件应急管理的办公室。

(　　)58. 您所在院校有已发生的突发事件记录纲要。

(　　)59. 您所在院校设立有专项应急财务经费。

(　　)60. 您所在院校对应急设施能做到很好地日常维护。

(　　)61. 您所在院校建有充足的安全保护设施。

(　　)62. 您所在院校备有充足的医疗救护装备。

(　　)63. 您所在院校备有充足的应急物资储备。

(　　)64. 您所在院校突发事件处置人员一般都知晓处理危机的政策。

(　　)65. 您所在院校突发事件处置人员一般都知晓处理危机的程序。

(　　)66. 您所在院校制订有突发事件过程阶段汇总程序。

(　　)67. 您所在院校突发事件处置领导小组具有较高水平的应急评价能力。

(　　)68. 您所在院校进行突发事件处置时能够及时启动预案并较严格按照预案执行。

(　　)69. 您所在院校进行突发事件处置时能够合理有序地对应急人员进行调动。

(　　)70. 您所在院校突发事件处置中总是能够动员社会各界人员参与其中。

(　　)71. 您所在院校突发事件处置领导小组态度冷静负责。

(　　)72. 您所在院校突发事件处置中总是能够进行及时救助并对人员进行安置。

(　　)73. 您所在院校突发事件处置中能及时启动心理危机干

预应急系统。

(　　)74. 您所在院校突发事件处置中总是能够对事态进行正确地动态评估。

(　　)75. 您所在院校突发事件处置中总是能够把警戒与治安工作做好。

(　　)76. 您所在院校突发事件处置中方法圆融通达,处理程序缜密周详,符合法律要求。

(　　)77. 您所在院校突发事件处置中总是能够及时进行信息采集与发布。

(　　)78. 您所在院校突发事件处置中总是能够有效进行人员沟通与协调。

(　　)79. 您所在院校突发事件处置后总要对事故原因进行分析。

(　　)80. 您所在院校对突发事件产生的原因分析较为客观,有依据。

(　　)81. 您所在院校突发事件处置后一般要对事故责任进行追究与处置。

(　　)82. 您所在院校对突发事件的责任人追查到位,处置恰当。

(　　)83. 您所在院校突发事件处置后一般要对事故损失进行评估。

(　　)84. 您所在院校对突发事件的评估客观正确。

(　　)85. 您所在院校突发事件处置后对处置过程进行总结分析,总结经验教训。

(　　)86. 您所在院校突发事件处置后能及时高效联系社会救助与保险部门进行救助和理赔。

(　　)87. 您所在院校在突发事件后总能及时增设学生咨询辅导新地点。

(　　)88. 您所在院校在突发事件后能及时启动附加的心理辅导移交程序。

(　　)89. 您所在院校在突发事件后能及时启动教职工咨询地点。

(　　)90. 您所在院校在突发事件后能够及时有效恢复校园秩序。

(　　)91. 您所在院校在突发事件后尽最大努力进行设施重建。

(　　)92. 您所在院校在突发事件后会对教学与管理制度重建。

(　　)93. 您所在院校在突发事件后能够委派足够的专业心理辅导人员,组建心理危机干预维护系统,提供补救性心理服务。

(　　)94. 您所在院校在突发事件后能及时进行文件的整理和归档,建立完备的处理案例档案。

# FY师范学院心理健康工作委员会章程(试行)

## 第一章 总　　则

第一条　为规范我校心理健康教育工作建设,充分发挥学校心理健康教育工作在同学们之间的积极作用,提升学生的整体心理素质水平,结合我校实际,特制定本章程。

第二条　为进一步推进学校心理健康教育工作,建立和完善我校三级心理危机预防和干预工作体系,经批准,在校学生工作处心理健康教育中心指导下成立校心理健康工作委员会,日常工作由学生工作处心理健康教育中心负责指导、监督、管理。

## 第二章 组织机构

第三条　FY师范学院心理健康工作委员会成员由全校在日制大学生中对心理感兴趣的同学组成。

第四条　FY师范学院心理健康工作委员会机构职能:加强全校心理健康教育的宣传;协助心理健康教育中心和各学院心理辅导员开展对各班心理委员的培训、组织、管理、考核、评估;心理档案资料的收集与保存;开展一定程度的朋辈心理救助服务等。

第五条　FY师范学院心理健康工作委员会由主席团、办公室、宣传部、网络部、编辑部、心灵使者团组成。机构主要职能如下:

1. 主席团(主席1名,副主席1名,主席分管办公室、宣传部、网络部和编辑部,副主席为心灵使者团团长;其他各学院分会主席隶属于校主席团成员):全面负责心理委员联合会日常管理;负责与校级各平行组织以及与学院心理委员联合会分会的沟通交流;做好心理联合会的内部规章制度的制定和修订工作;组织开展联合会内部会议。

2. 办公室(部长1名,部员5名,周一到周五白天预约咨询):做好咨询学生的档案建设,负责心理健康教育中心心理预约值班室工作。做好中心的环境卫生工作,保障内部环境温馨宜人。在重大活动期间安排值班等日常工作。定期整理咨询室内部文具等相关器材。

3. 宣传部(部长 1 名,部员 3 名):负责心理健康教育中心和联合会的各项活动的图文音视频等宣传品制作;负责联合会各项活动通讯撰写,对活动进行现场采访、摄像、拍照;在重大活动之前进行以海报、横幅等方式的宣传;负责对活动会场以及中心主题墙的布置。

4. 网络部(部长 1 名,部员 3 名):协助中心做好每年一次的新生心理普查工作,安排平时的心理测评相关事宜。维护心理健康教育中心网站,包括微博、QQ 等新媒体的日常维护,做好网络留言回复工作,定期维护中心电脑。

5. 编辑部(部长 1 名,部员 3 名):负责中心刊物《心起点》的编辑和发行,完成来稿的选择和评定。协助中心做好各类心理健康教育宣传产品的编辑工作,发放中心各类活动和来稿奖品。

6. 心灵使者团(团长 1 名,副团长 2 名,成员不限,已有心理协会会员皆为心灵使者团成员):负责制定每学期心理健康活动主题及计划;协助中心组织开展全校心理健康教育活动,例如心理委员培训、心理沙龙、团体心理辅导、心理素质拓展、心理情景剧展演等;定期对各学院心理健康教育工作进行调研,反馈心理委员心声并指导各学院心理委员分会开展活动。

## 第三章　班级心理委员

第六条　班级心理委员素质要求:

1. 责任意识强,有敬业奉献精神;

2. 关爱他人,富于爱心,观察敏锐,善于人际交流与沟通;

3. 个人心理素质好。

第七条　班级心理委员工作职责:

1. 代表班级成为各班学生与各学院心理健康工作委员会分会、校心理委员联合会、心理健康教育中心之间进行心理健康教育工作信息沟通及交流的联系纽带;

2. 在所属班级内开展心理健康知识的宣传普及工作,组织召开以维护心理健康为主题的班会活动;

3. 配合学校或学院组织举办心理健康教育活动;

4. 参与全校性的心理健康教育活动;如新生心理普查、心理健康教育宣传月活动、“5·25 大学生心理健康文化艺术节”、心理健康教育主题班会等；

5. 积极关注同班同学的心理动态，发现异常情况积极向学院心理辅导员及校心理健康教育中心报告，主动关心并陪伴当事人，积极协助和配合老师进行心理干预处理，并做好保密工作。

第八条　心理健康工作委员会成员享有下列权利：

1. 参加委员会的有关会议以及开展的各种活动；

2. 享有选举权、被选举权和表决权；

3. 对心理委员联合会的工作提出意见和建议并进行监督。

第九条　心理健康工作委员会成员必须履行下列义务：

1. 遵守心联会的章程，积极做好心联会工作，维护心联会的声誉；

2. 维护广大同学的切身利益，及时反映学生的意见和建议；

3. 积极做好上传下达、下情上传的沟通和协调工作；

4. 认真履行心理委员职责，积极参与心联会开展的各项活动。

第十条　班级心理委员在担任心理委员之后，原则上要求大学四年连任班级心理委员，在担任心理委员两个月后，经考核合格者，将继续担任班级心理委员；不合格者，将上报学院心理辅导员，重新改选班级心理委员。

第十一条　心理健康工作委员会成员不称职或在职期间因违反有关规章制度而受到处分，学生工作处经研究讨论后有权将其罢免，并有权任命临时负责人。

第十二条　班级心理委员若不能继续担任心理委员须向学院心理健康工作委员会分会提出书面报告说明情况，学院心理委员联合分会须在一周内协调处理并向校心理健康教育中心上报临时负责人或新任心理委员信息，做好相关交接手续。

## 第四章　刊　　物

第十三条　FY 师范学院心理健康工作委员会发行的刊物是《心起点》报刊，旨在宣传和普及心理健康知识，为广大同学倾吐心声，宣泄心绪，搭建一个良好的心理健康教育公共平台。

第十四条　《心起点》报刊主编由学生工作处教师负责，主编可根据报刊编辑需要在联合会内部选拔学生编辑人员。

第十五条　《心起点》报刊原则上采取一月一刊制，主编根据实际情况合理安排刊物的编辑和发行工作。

第十六条　编辑部每月至少组织一次编辑部成员会议，讨论刊物的内容、编辑以及发行事宜。

第十七条　对于向本刊投稿的学生，发放稿件录用通知并在综合测评中予以相应奖励。

## 第五章　会　议

第十八条　每学期初期召开一次心理健康工作委员会工作部署会，每学期末期召开一次心理委员工作总结会，每周召开心理健康工作委员会主席团及各部门例会，在学年工作总结会上进行校心理健康工作委员会成员及各学院心理委员联合分会学年考核通报。

第十九条　校心理健康工作委员会每月至少召开两次干部会议，互相交流学习；根据实际情况组织不定期的联合会委员座谈会。各学院心理健康工作委员会分会根据各学院具体工作情况相应召开例会。

第二十条　心理健康工作委员会每学期至少要开展一次联欢会，以促进各委员间的沟通和了解，增强团体凝聚力。

第二十一条　每位成员若不能参加会议和活动，必须在会议前、活动前向办公室请假，并由办公室记录，对于任期内无故不参加委员会会议或活动者将予以批评或通报批评。

## 第六章　考核与评优

第二十二条　对工作积极，按时圆满完成任务的成员应以适当方式进行表扬，并纳入成员年度考核；对工作不积极，消极完成任务的成员将取消考核资格。

第二十三条　心理健康工作委员会干部综合测评加分标准为：联合会干部基础分加考核分；心联会成员综合测评加分标准为：委员基础分加考核分。

第二十四条　考核标准参照《FY 师范学院心理委员考核制度（试行）》。

## 第七章 财务管理

第二十五条 本会财务管理由总务部负责，并负责报销各种票据。

第二十六条 本会必须先作初步预算，以“少花钱，多办事”的原则先进行各种预算，在预算经费外的花费酌情考虑是否报销，由总务部及会长讨论决定。

第二十七条 学期末整理财务总结；严禁任何负责人挪用经费，否则取消本会会员资格及给予相应处分。

第二十八条 报销必须以正规文具发票报销，发票背面写明所用于的活动名称，并需有本会经手人及总会负责人签名。

## 第八章 附 则

第二十九条 本章程在心理健康工作委员会成立大会上通过，上报批准后，自颁布之日起生效。

第三十条 本章程最终解释权归 FY 师范学院心理健康工作委员会所有。

# FY师范学院学生心理危机预防与干预方案(2011年)

## 第一章　总　　则

第一条　为贯彻落实《中共中央 国务院关于进一步加强和改进大学生思想政治工作的意见》(中发〔2004〕16号)、《教育部 卫生部 共青团中央关于进一步加强和改进大学生心理健康教育的意见》(教社政〔2005〕1号)、《普通高等学校学生心理健康教育工作基本建设标准》(教思政厅〔2011〕1号)等文件精神,进一步完善我校心理健康教育工作,有效地对大学生心理危机进行预防和干预,提高大学生心理健康水平,维护校园安全稳定,制订本方案。

第二条　心理危机干预指对处在心理危机状态下的学生或群体采取明确有效措施,使之尽快恢复心理平衡,顺利度过危机,并学会正确的应付危机的策略与方法。心理危机预防指通过心理危机教育和宣传,加强大学生对危机的了解和认知,提高大学生承受挫折的能力和情绪控制能力,为应对危机做好准备。

第三条　心理危机预防与干预坚持教育为主、重在预防的原则。要积极开展各类心理健康教育工作,引导学生关注心理健康和危机预防;心理危机干预工作要信息通畅、判断准确、处理果断、工作到位和协调配合,避免因处理不及时、不得当而激发或加重学生的心理危机。通过构建大学生心理危机预防与干预工作体系,做到心理危机早预防、早发现、早诊断、早应对。

## 第二章　体制机制建设

第四条　成立大学生心理危机预防与干预工作领导小组,负责心理危机预防与干预工作。由主管学生工作的校领导任组长,学生工作处、办公室、宣传部、教务处、人事处、财务处、保卫处、校医院、团委、后勤服务集团等单位负责人和各学院党总支书记为成员。领导小组负责研究制订大学生心理健康教育工作的规划和相关制度,统筹领导全校大学生心理健康教育工作。领导小组下设办公室,设在学生工作处,定期向党委会或校长办公会汇报工作。

第五条　健全的校、院、学生班级三级心理健康教育工作网络,明确各级各部门的职责分工和协调机制。学校心理健康教育中心负责全校大学生心理健康教育和咨询，纳入学校思想政治教育工作体系，具体组织协调开展全校学生心理健康教育工作。各学院要相应成立由院主管学生工作的书记，辅导员等相关人员组成的大学生心理危机预防与干预工作小组，具体落实和实施本院学生心理危机预防与干预工作；学院应安排专人负责落实心理健康教育工作。各班级应设立学生心理委员，学生班委会、党团支部等学生组织要积极协助辅导员开展心理健康教育工作。

第六条　加强大学生心理健康协会的建设，在校院两级学生会设立心理健康部，选聘学生心理健康服务志愿者，加强对他们的培训工作，提高他们的心理健康服务意识和水平，充分发挥学生会组织和学生团体在心理健康教育工作中的自我教育、自我服务作用。

## 第三章　师资队伍建设

第七条　建设一支以专职教师为骨干，专兼结合、相对稳定、素质较高的大学生心理健康教育和心理咨询工作队伍。按 3000 名学生配备一名专职心理健康教育人员的标准逐步配齐专职工作人员，目前至少保证不少于 2 名专职人员。

第八条　将大学生心理健康教育师资队伍建设纳入学校整体教师队伍建设工作中，加强选拔、配备、培养和管理。从事大学生心理健康教育的教师，特别是直接从事心理咨询服务的教师，应具有从事大学生心理健康教育的相关学历和专业资质。专职教师的专业技术职务评聘纳入大学生思想政治教育教师队伍序列，也可纳入教育学、心理学等专业序列。专兼职教师开展心理辅导和咨询活动按每次 3 课时计算相应工作量。

第九条　重视大学生心理健康教育专兼职教师的专业培训工作，将师资培训工作纳入学校年度工作计划和年度经费预算。保证心理健康教育专职教师每年接受不低于 40 学时的专业培训，或参加至少 2 次省级以上主管部门及二级以上心理专业学术团体召开的学术会议。适时安排从事大学生心理咨询的教师接受专业督导。支持大学生心理健康教育教师结合实际工作开展科学研究。

第十条　学校所有教职员工都负有教育引导学生健康成长的责

任，要着力构建和谐、良好的师生关系，强化大学生心理健康教育的全员参与意识。将心理健康教育内容纳入新进教师岗前培训课程体系。辅导员、班主任是大学生心理健康教育工作的重要力量，每年对他们组织一次以上心理健康教育专题培训。后勤服务集团要加强对学生宿舍管理员等后勤服务人员开展相关常识培训。

## 第四章　危机预防机制建设

第十一条　坚持新生普查制度。新生入校学期，学校在他们中间开展心理健康普查工作，摸清心理健康状况，进行约谈工作，为有针对性做好有心理问题和疾病学生的干预工作奠定基础。

第十二条　加强心理健康教育课程建设，在大学生中开设心理健康教育必修课或选修课，积极进行教学方法改革，采取学生喜闻乐见、贴近广大学生心理特点的教学形式，普及心理健康知识，提高学生的心理健康意识和应对心理危机的能力。

第十三条　坚持举办内容丰富、形式多样的心理健康知识报告、讲座和活动。与课堂教学相互补充，形成课内、课外有机结合的教育格局。充分发挥网络、学生团体、学生辅导员、学生干部在心理危机预防工作中的重要作用，充分调动学生自我认识、自我教育、自我成长的积极性、主动性。

第十四条　积极开展个体咨询工作。在学生宿舍区设立心理健康教育咨询室，除法定假日外每天面向学生开放，满足学生的咨询需求。建立健全心理咨询的值班、预约、重点反馈等制度。加强心理咨询个案记录与档案管理工作，坚持保密原则，按规定严格管理心理咨询记录和有关档案材料。定期开展心理咨询个案的研讨与督导活动，不断提高心理咨询的专业水平。向全校学生公布心理健康教育和咨询机构的咨询信箱、咨询电话和网址。力争提供网上咨询预约和网络咨询服务。

第十五条　积极开展团体辅导工作。努力创新、拓展团体辅导内容，根据学生班级和学院预约，积极为学生提供团体心理服务和指导。

第十六条　加强心理健康教育宣传。通过广播、电视、校刊等多种媒介，积极开展心理健康教育宣传活动，应重视心理健康教育网络平台建设，开办专题网站（网页），充分开发利用网上教育资源。

## 第五章　危机干预机制建设

第十七条　建立预警体系和机制，密切关注高危人群，迅速处理心理危机，坚持生命第一、分工协作、亲属参与、全程监护、反思总结的原则，最大可能保障学生生命安全和学校稳定。

### 第一节　干预对象

第十八条　对存在下列情况之一的学生，应作为心理危机干预的高危个体予以特别关注。下述多种特征并存的学生，应作为重点干预对象。

1. 学习生活压力过大而出现心理或行为异常的学生；
2. 个人情感受挫后出现心理或行为异常的学生；
3. 人际关系失调后出现心理或行为异常的学生；
4. 性格过于内向、孤僻而出现心理异常的学生；
5. 患有严重心理疾病，如患有抑郁症、精神分裂症、癔症、恐惧症、焦虑症强迫症等疾病的学生；
6. 有自杀未遂史，或家族中有自杀者的学生；
7. 身体患有严重疾病长期受病痛折磨的学生；
8. 遭遇突发事件而出现心理或行为异常的学生，如家庭发生重大变故的学生；
9. 由于身边的同学出现危机状况而受到影响，产生恐慌、担心、焦虑、困扰的学生；
10. 其他由于经济困难、就业困难、学习困难和行为困难等引发的心理及行为异常的学生。

第十九条　对上述高危个体近期发生下列警示讯号的学生，应作为心理危机的重点干预对象及时进行危机评估与干预。

1. 曾经情绪一直不好，突然变得很平静或很好；
2. 表达多次自杀计划和死的念头，讨论过死的方式；
3. 突然把个人有价值、有纪念性的物品送人或述说告别的话。

## 第二节 预警体系

第二十条 实行预警制度，把心理危机控制在萌芽之中。各学院要坚持对新生中第一次不及格、大二及大三有多门课程不及格、大四不能正常毕业的学生进行心理危机排查；坚持对失恋应激反应明显的学生进行关注并加强心理疏导；坚持对性格孤僻，很少与人交往的学生进行心理排查；坚持主动关心安抚家庭发生重大变故的学生，预防心理危机事件发生。要积极开拓主动预防的途径。

第二十一条 建立班级、学院、学校三级预警体系，遇到异常和紧急情况及时向上一级报告。三级预警体系如下：

1. 一级预警：班级预警

辅导员及班级心理健康委员等学生干部应认真学习本方案，广泛深入地了解、帮助有心理问题的同学。发现有危机可能的同学要立即上报给学院心理危机预防与干预领导小组。

2. 二级预警：学院预警

各学院领导、全体教师，尤其是学生辅导员和学习导师要主动关心学生的学习和生活，做学生的知心朋友，密切关注学生的异常心理和行为，成为学生重要的心理支持力量。当发现有危机可能的学生时，学院应迅速采取措施，及时干预。同时报告学校心理健康教育工作领导小组。

3. 三级预警：学校预警

当经过心理健康教育中心评估后，发现当事人可能属于严重心理障碍或精神疾病，应尽快组织调配校内外专家对有危机可能的学生进行会诊，并根据本方案第二十三条，提出进一步治疗意见。

## 第三节 干预措施

第二十二条 对有心理危机学生应采取如下干预措施：

1. 及时通报学校大学生心理健康教育中心

学生所在学院分管领导或辅导员首先通过全面了解，迅速确定学生心理问题的严重程度，将情况及时告知心理健康教育中心。

2. 初步判断问题性质和严重程度

心理健康教育中心以恰当的方式约谈该生及与其关系密切的同

学，并向该生辅导员了解情况，掌握当事人真实的心理状态和所面临的问题，初步判断问题性质和严重程度。

3. 确定心理危机应对方案

心理健康教育中心根据初步判断问题的性质和严重程度，与学院共同确定应对方案。如果学生心理问题比较轻微，属心理咨询范畴，可以由心理健康教育中心解决；如果确定当事人心理问题比较严重，可能属于严重心理障碍或精神疾病，则应接受相关专业机构的检查和治疗。

第二十三条　对有明显自杀征兆或精神疾病学生的干预措施(包括抑郁症、躁狂症、精神分裂症等或有明显的自杀征兆及自杀未遂的学生)：

1. 迅速通报相关部门

心理健康教育中心发现严重心理问题学生，必须在第一时间通知学生所在学院分管领导。如果是学院发现严重心理问题学生，必须及时通知心理健康教育中心，并请中心做出初步判断。

2. 及时通知学生家长和带领学生就医

如果心理健康教育中心怀疑当事人可能是抑郁症、躁狂症、精神分裂症等精神疾病，发现有明显的自杀征兆及自杀未遂的问题，由学生所在学院通知家长，在家长知情同意的情况下，由家长及学院送学生到学校指定专科医院 FY 三院就诊。

若短时间内难以与学生家长取得联系，而学生的心理问题已严重危及自身或他人生命安全，学校可直接送学生到医院就诊(如果确实需要治疗可以采取住院观察的形式)；同时，通过各种方式与家长取得联系。在与家长的联系过程中，应注意方式、方法，并做好书面记录。

3. 做好监护工作

家长未到达学校之前，监护工作由学生所在学院负责。对自知力不完全的学生，不要在学生宿舍里监护，避免监护不当造成的危害。

4. 严格遵照医嘱选择治疗方式

根据医生诊断结果和建议，可采取学生住院治疗、休学治疗等方式。

5. 办理住院、病假或休学手续

根据学生的实际情况和学校学籍管理规定，由家长、学生所在学院负责按学校有关规定办理住院、病假或休学手续。学生休学后若提前回校学习，需有学校指定专科医院的诊断结果作为依据。因心理原因休学的学生，需经心理健康教育中心评估合格后方可办理复学手续。

6. 开展辅导工作

心理健康教育中心需对与当事人密切接触的学生和老师开展辅导工作，帮助学生和老师正确认识该生的心理问题，缓解紧张情绪，消除歧视心理。

7. 做好追踪支持工作

学生因心理问题休学后复学时，由心理健康教育中心组织专家对复学学生进行定期心理访谈，定期给予心理支持与评估。所在学院要经常了解其思想、学习、生活等方面的情况，并及时向心理健康教育中心通报。

第二十四条　对恶性事件采取干预措施。对学生出现死亡等重大恶性事件，参照《FY 师范学院学生突发事件应急处理预案》执行。

## 第六章　制度建设

第二十五条　进一步完善工作协调机制。进一步完善心理危机事件及时汇报制度、缓考和休学建议制度及危机预防与干预的流程制度。进一步完善心理危机预防与干预的专业人员与学生、学校与学院、学校与专业医疗机构间的联动机制。

第二十六条　进一步完善心理健康教育中心工作机制。加强中心各项制度建设，严格按照程序办事，采取必要措施提高中心人员的专业素质和工作水平。

第二十七条　建立全员培训机制。要定期对学生工作人员尤其是学生辅导员、学生干部进行危机与预防的培训，提高他们的心理问题鉴别能力及心理危机干预能力。

## 第七章　条件建设

第二十八条　加强经费投入。每年按生均 10 元的比例，拨付心理健康教育专项经费。

第二十九条 加强心理健康教育和咨询场地建设。按规定建立预约等候室、个体咨询室、团体辅导室、心理测评室等。

第三十条 为心理健康教育和机构配备必要的办公设备、常用心理测量工具、统计分析软件和心理健康类书籍等心理健康教育产品。

# 参考文献

[1] Eugene L II Zdziarski, Norbert W Dunkel, J Michael Rollo. Campus crisis management: a comprehensive guide to planning, prevention, response, and Recovery[M]. San Francisco: John Wiley & Sons, Inc. ,2007.

[2] Fink S. Crisis management: planning for the inevitable[M]. NewYork: American Management Association, 1986.

[3] Hall A D. Transactions on systems science and cybernetics[J]. IEEE Transactions on Systems Science and Cybernetics, 1969, 5(2): 156-160.

[4] Hollingsworth Jana. Schools implement emergency notification systems[J]. DuluthNews-Tribune, 2007(10): 251-265.

[5] Jonathan P Meizoso, D V Shatz. University of Miami' Canes Emergency response team: a look at an undergraduate disaster response team[J]. Journal of Emergency, Management, 2008, 6(6): 48-52.

[6] Lynn A Freeman. Warning response[J]. Journal of Emergency Management, 2007, 5(1): 53-57.

[7] Mitroff I I, Diamond M A. How prepared are America's colleges and universities for major crisis? [J]. Change, 2006, 38(1): 187-192.

[8] Song Xibo, He Haiyan, Zhu Xiangyu. Evaluation model of the campus emergency management capacity based on principal component project method [J]. Procedia Engineering, 2012(37): 299-303.

[9] 彼得·德鲁克. 管理：任务、责任、实践[M]. 余向华，等，译. 北

京：华夏出版社，2008.
[10] 曹广文. 突发公共卫生事件应急反应基础建设及其应急管理[J]. 公共管理学报，2004(2).
[11] 陈国华，张新梅，金强. 区域应急管理务实——预案、演练及绩效[M]. 北京：化学工业出版社，2008.
[12] 陈伟珂，张力英. 高校突发公共事件应急管理能力评价研究[J]. 中国安全生产科学技术，2011(7).
[13] 陈振明. 中国应急管理的兴起——理论与实践的进展[J]. 东南学术，2010(1).
[14] 邓云峰，郑双忠，刘铁民. 突发灾害应急能力评估及应急特点[J]. 中国安全生产科学技术，2005 (5).
[15] 丁烈云，杨新起. 校园突发事件应急管理[M]. 武汉：华中师范大学出版社，2009.
[16] 段鑫星，程婧. 大学生心理危机干预[M]. 北京：科学出版社，2006.
[17] 范若云. 高校突发事件的危机管理[D]. 南昌：南昌大学，2010.
[18] 方静，朱建军，胡琳，等. 基于组合赋权的高校应急管理能力评估指标及权重确定研究[J]. 价值工程，2010(11).
[19] 冯立杰，罗慧，崔立新. 突发公共事件应急管理质量评价体系研究[J]. 北京理工大学学报(社会科学版)，2008(4).
[20] 高小平，彭涛. 学校应急管理：特点、机制和策略[J]. 中国行政管理，2011(9).
[21] 郭文，朱建军，等. 基于层次分析法的高校应急管理能力评估指标权重确定[J]. 中国校外教育，2010(8).
[22] 国务院办公厅关于加强基层应急管理工作的意见[N]. 人民日报，2007-07-31.
[23] 韩传峰，叶岑. 政府突发事件应急能力综合评价[J]. 自然灾害学报，2007(4).
[24] 郝淑华，马凌涛. 校园伤害事故的预防与处理[M]. 上海：华东师范大学出版社，2006.
[25] 姬浩，苏兵，吕美. 基于风险因素的高校应急管理能力评价研究[J]. 西安工业大学学报，2012(7).

[26] 贾睿琦,钱振明.大学生应对突发事件的心理反应调查——基于辽宁省部分高校的调查分析[J].人民论坛学术前沿,2011(11).
[27] 孔德民.高校学生突发事件应急管理机制研究[J].世纪桥,2008(7).
[28] 李朝晖,赵彦莉.网络环境下高校突发事件的舆论形成与引导研究[J].教育评论,2014(2).
[29] 李翔,周诚.我国灾害经济统计评估系统及其指标体系的研究[J].自然灾害学报,1993(1).
[30] 李晓明.大学校园危机管理的理念与价值实现[J].教育与职业,2012(8).
[31] 李仪欢,陈国华.安全管理信息系统学的创建、内涵与外延[J].中国安全科学学报,2007(6).
[32] 凌加泉.高校突发事件应急管理系统建设研究[D].天津:天津大学,2010.
[33] 刘刚.危机管理[M].北京:中国经济出版社,2004.
[34] 刘建峰,余宏明.论大学生"心防工程"建设[J].成都师范学院学报,2013(5).
[35] 刘翩翩.初探校园危机管理体系中的恢复评价机制的运用[J].南昌:江西青年职业学院学报,2011(2).
[36] 刘庆华,李巍巍,吴冲.高校突发事件应急管理能力研究[J].扬州大学学报(高教研究版),2012(2).
[37] 刘尚亮,沈惠璋,李峰,等.我国突发事件应急管理体系构建研究[J].科技管理研究,2010(19).
[38] 刘伟.高校应急管理能力研究[D].徐州:中国矿业大学,2009.
[39] 刘伟,张万红.高校应急管理矩阵在救援响应中的应用[J].中国应急救援,2009(2).
[40] 刘伟,张万红.高校应急管理能力的深层结构及其薄弱环节分析[J].中国应急管理,2009(3).
[41] 刘伟,张万红.高校应急管理与危机管理的比较研究[J].煤炭高等教育,2009(2).
[42] 刘笑霞.论我国政府绩效评价的价值取向[J].北京理工大学学

报(社会科学版),2011(6).
[43] 刘新建,陈晓君.国内外应急管理能力评价的理论与实践综述[J].燕山大学学报,2009(3).
[44] 罗伯特·希斯.危机管理[M].北京:中信出版社,2001.
[45] 马建华,陈安.应急管理评价国内研究进展[J].电子科技大学学报(社科版),2011(5).
[46] 毛飞.危机缓和——一种前瞻性的危机管理行动[J].理论与改革,2004(1).
[47] 莫凡,胡小东,孔庆文.高校突发事件应急机制研究[J].西南石油大学学报(社会科学版),2011(6).
[48] 穆春娟.新时期我国高校突发事件全应急管理研究[D].西安:西安建筑科技大学,2011.
[49] 彭学君.大学生群体危机生成演化机理与控制研究[D].北京:北京理工大学,2006.
[50] 皮祖训,刘何清.校园安全灰色关联评估模型及应用[J].中国安全科学学报,2008(6).
[51] 齐二石,王嵩.城市应急管理系统的构建及系统分析研究[J].现代管理科学,2008(7).
[52] 钱伟超.高校突发事件应急管理研究[J].云南行政学院学报,2010(4).
[53] 时伟,吴立保.现代大学教学管理制度研究[M].合肥:安徽大学出版社,2006.
[54] 陶应勇,蒙斌.高校应急管理体系研究[J].南京理工大学学报(社会科学版),2009(6).
[55] 田依林,杨青.突发事件应急能力评价指标体系建模研究[J].应用基础与工程科学学报,2008(4).
[56] 王朝,庄张婷.大学生心理与健康[M].北京:科学出版社,2008.
[57] 王凡.高校突发事件应急管理研究[J].广东青年干部学院学报,2008(1).
[58] 王垒.组织管理心理学[M].北京:北京大学出版社,1993.
[59] 王宁,王延章.应急管理体系及其业务流程研究[J].公共管理

学报,2007(2).
[60] 王文娟.突发公共卫生事件政府应急能力指标体系研究[D].大连:大连理工大学,2006.
[61] 王燮辞.34例汶川地震灾区籍大学生创伤后应激障碍症状叙事疗法的疗效[J].神经疾病与精神卫生,2010(6).
[62] 王秀成,方宏建.论高校管理效能建设[J].中国行政管理,2005(9).
[63] 王颖,刘叶芳.高校突发事件微博舆论引导策略[J].黑龙江高教研究,2014(5).
[64] 王湛.突发公共事件应急管理过程及能力评价研究[D].武汉:武汉理工大学,2008.
[65] 韦庆辛.高校危机管理前馈控制机制构建研究[J].长江大学学报(自然科学版),2009(4).
[66] 韦庆辛.关于构建高校突发事件应急管理机制的思考[J].中国安全生产科学技术,2010(3).
[67] 韦庆辛.中美高校应急管理体系比较研究[J].中国公共安全(学术版),2010(2).
[68] 魏捷.高校突发事件应急管理能力建设策略[J].中国高等教育,2012(20).
[69] 温云峰.高校突发事件应急管理机制研究[J].茂名学院学报,2009(2).
[70] 吴新燕,顾建华.国内外城市灾害应急能力评价的研究进展[J].自然灾害学报,2007(6).
[71] 吴勇,周芳.公共危机状态下军队应急管理体系与能力建设研究[J].科技管理研究,2012(19).
[72] 邢娟娟.中小学突发事件应急管理与预案[M].北京:气象出版社,2009.
[73] 许中华,雷育胜.高校危机的类型、特点及管理策略[J].中山大学学报论丛,2005(4).
[74] 颜峻.社会安全事件空间分布研究[J].中国安全科学学报,2008(07).
[75] 杨斌,熊万玲,杜芳芳.高校应急管理全过程能力评价指标体系

构建研究[J]. 中国安全生产科学技术,2010(4).
[76] 杨德才. 高校生活园区突发事件应急管理研究[M]. 上海:华东师范大学,2009.
[77] 杨瑾. 高校突发事件应急管理执行能力的评估[J]. 科技与管理,2008(3).
[78] 杨新起. 高校群体性突发事件的对策思考[J]. 社会主义研究,2006(5).
[79] 于艳玲,高等院校应急管理体系的理论研究与实证分析[D]. 武汉:武汉理工大学,2010.
[80] 余宏明. 试论高校消防控制室信息管理系统的构建[J]. 中国公共安全(学术版),2009(4).
[81] 张成福. 公共危机管理:全面整合的模式与中国的战略选择[J]. 中国行政管理,2003(7).
[82] 张刚. 新形势下高校保卫工作的新思路[J]. 才智,2012(21).
[83] 张海波,童星. 应急能力评估的理论框架[J]. 中国行政管理,2009(4).
[84] 张凯,张一飞. 浅析高校突发事件的应急管理[J]. 学校党建与思想教育,2009(23).
[85] 张娅岚. 我国高校突发事件应急管理研究[D]. 重庆:重庆大学,2008.
[86] 张永领. 基于应急管理阶段的应急能力评价指标体系研究[J]. 工业安全与环保,2010(9).
[87] 赵方. 高校突发事件应急管理研究[D]. 郑州:郑州大学,2006.
[88] 赵秀丽,杨占军. 高校应急管理与安全保卫对策[J]. 法制与社会,2009(9).
[89] 郑双忠,邓云峰. 城市突发公共事件应急能力评估体系及其应用[J]. 辽宁工程技术大学学报,2006(6).
[90] 周荣义. 风险管理决策方法探讨[J]. 中国安全科学学报,2008(11).
[91] 周笑朵. 高校危机管理能力评价指标体系的构建[D]. 成都:电子科技大学,2010.
[92] 周云,张超,邓雪松. 大学城公共安全评价体系初探[J]. 自然灾

害学报,2011(3).
[93] 朱美燕.论大学生心理危机的后干预[J].教育评论,2011(1).
[94] 朱清波,周明贵. 高校应急管理探讨[J].河北企业,2007(8).
[95] 朱晓斌.美国学校危机管理的模式与政策[J].比较教育研究,2004(12).